WORDPRESS
KLASSIEKE THEMA

2026, Roy Sahupala

Belangrijke opmerking

De methodes en programma's in deze handleiding zijn zonder inachtneming van enige patenten vermeld. Ze dienen enkel voor amateur- en studiedoeleinden. Alle technische gegevens en programma's in dit boek zijn door de auteur met de grootste zorgvuldigheid samengesteld en na een grondige controle gereproduceerd. Toch zijn fouten niet volledig uit te sluiten. De uitgever ziet zich daarom gedwongen erop te wijzen dat ze noch enige garantie, noch enige juridische verantwoordelijkheid of welke vorm van aansprakelijkheid op zich kan nemen voor gevolgen die voortvloeien uit foutieve informatie. Het melden van eventuele fouten wordt door de auteur altijd op prijs gesteld.

Wij willen je erop wijzen dat de soft- en hardwarebenamingen die in dit boek worden vermeld, evenals de merknamen van de betrokken firma's meestal door fabrieksmerken, handelsmerken of door het patentrecht zijn beschermd.

Auteur: R.E. Sahupala
ISBN/EAN: 979-8-34-540094-4
Versie 1:   01-03-2017
Versie 9:   01-2026 KDP
NUR-code: 994
Uitgever: WJAC
Website: wp-books.com/theme

Met speciale dank aan:
Mijn lieve vrouw Iris van Hattum en onze zoon Ebbo Sahupala.

INHOUDSOPGAVE

INTRODUCTIE

In dit boek laat ik zien hoe je op basis van een eigen ontwerp een **klassiek WordPress-thema** kunt maken. Kennis van HTML en CSS is hiervoor vereist. PHP-kennis is niet nodig. Let op! In dit boek wordt geen **Blokthema** gemaakt. In WordPress kun je gebruik maken van Klassieke en Blok thema's. Meer informatie vind je in het boek **WordPress - Blokthema**.

Nadat je klaar bent met het maken van een klassiek basisthema, ga je dit **optimaliseren** en **uitbreiden** met andere themabestanden.

Daarna ga je een thema aanpassen zodat een gebruiker via **Dashboard > Weergave > Customizer** zelf een thema kan wijzigen..

Verder toon ik hoe je met behulp van een **Child Theme** een bestaand thema kunt aanpassen en hoe je gebruik kunt maken van **Starter Theme**.

Als laatste onderdeel leg ik uit hoe je een thema aan de **Theme Directory** van *WordPress.org* kunt toevoegen..

De themabestanden die in dit boek worden behandeld, zijn ook digitaal beschikbaar. Hierdoor is het mogelijk om met alle oefeningen mee te doen.

Wil je nog dieper op WordPress ingaan? Dan kun je terecht bij **WordPress Codex**. Dat is "DE verzameling van alle documentatie gerelateerd aan WordPress". Zie ***https://codex.wordpress.org/Theme_Development***. Of ***https://developer.wordpress.com/themes***.

Voor wie is dit boek?

▸ Voor degenen met een basiskennis van WordPress.
▸ Voor degenen met een basiskennis van HTML en CSS.
▸ Voor degenen die niet afhankelijk willen zijn van ontwikkelaars.
▸ Voor degenen die een WordPress-site willen gebruiken met een eigen gemaakt thema.

Tip: neem de tijd! Lees een hoofdstuk zorgvuldig door voordat je plaatsneemt achter de computer.

Benodigdheden

De laatste versie van WordPress. Voor de verwerking van de diverse CMS-codes is een tekstverwerker nodig, zoals Teksteditor (Apple) of Notepad (Windows). Het is nog beter om gebruik te maken van een code-editor. Er zijn verschillende open-source code-editors beschikbaar zoals:

▸ **Notepad ++** (Windows): *www.notepad-plus-plus.org*.
▸ **Atom** (Apple en Windows): *https://atom.io*.

Wil je een andere code-editor gebruiken? Google dan naar: *Gratis code-editors*. Het gebruik van deze open-source code-editors is gratis.

In dit boek worden een aantal WordPress-thema's gebruikt: **Twenty Twenty, Twenty Twenty-One ,Twenty Sixteen** en **Twenty Fourteen**.

Met behulp van een **internetbrowser** kun je contact maken met het CMS-systeem. Het is raadzaam om meer dan één browser te installeren. Het is mogelijk dat bepaalde WordPress-functies niet werken in je favoriete browser. Wanneer dit het geval is, kun je snel overstappen naar een andere browser. Alle oefeningen in dit boek zijn getest met de laatste versies van *Firefox*, *Safari*, *Chrome* en *Edge*.

Met behulp van een **lokale server**, zoals Local, heb je de mogelijkheid om WordPress te installeren op je computer. Je hebt dan direct toegang tot al je thema-bestanden. De site-folder vind je in een **gebruikersmap** van Windows of MacOS: **Local sites > Naam site > app > public**.

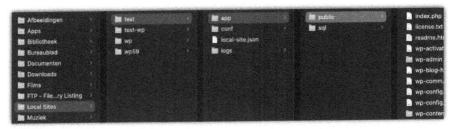

De site-folder in MAMP bevindt zich in: **Apps > MAMP > htdocs > Naam site**.

Heb je WordPress via een **Webhost** geïnstalleerd dan kun je met een **FTP programma** toegang verkrijgen tot je thema bestanden. Er zijn diverse gratis programma's beschikbaar zoals **FileZilla** of **Cyberduck**.

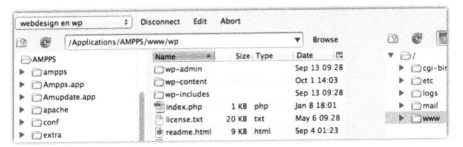

Een thema kun je plaatsen in de folder **themes** van je WordPress website. Zie: **wp-content > themes**.

Doel van dit boek

Dit boek is geschreven voor iedereen die snel en praktisch kennis wil opdoen over het maken van een eigen WordPress-thema met behulp van HTML en CSS. PHP-kennis is niet nodig.

Daarnaast geeft de beschreven methode inzicht in hoe WordPress-thema's worden gemaakt en hoe je deze kunt toevoegen aan de thema-directory van *WordPress.org*.

Dit boek biedt alleen de meest essentiële uitleg. Nadat je voldoende ervaring hebt opgedaan met het maken van WordPress-thema's, krijg je meer inzicht en vertrouwen om zelfstandig uitgebreide thema's te maken.

Alle themabestanden in dit boek zijn te downloaden op:
wp-books.com/theme.
Het wachtwoord hiervoor vind je op blz. 14.

Kijk regelmatig naar deze site voor extra informatie.

VAN CONCEPT TOT ONTWERP

Het maken van een WordPress-thema begint met een idee, oftewel een concept. Je weet wat het onderwerp van de site is, de doelstelling, de doelgroep, de structuur en je hebt content verzameld. Of je nu een thema voor eigen gebruik maakt of voor andere WordPress-gebruikers, werken vanuit een concept betekent dat je niets aan het toeval overlaat.

Stappen

Hieronder vind je een lijst met omschrijvingen waar je aan kunt denken voordat je een thema gaat maken:

- Onderwerp van de website
- Doelstelling
- Technische randvoorwaarden
- Doelgroep(en) (gebruikers en bezoekers)
- Content, tekst, afbeeldingen, video's, etc.
- Structuurschema/Flowchart
- Wireframes/Storyboard
- Usability en accessibility
- Visueel ontwerp

Onderwerp van een website

Wat is het doel van de site? Wat moet het uitstralen? Is het een blog, portfolio, magazine, webshop of bedrijfswebsite? Elk thema heeft zijn eigen gebruik en uitstraling.

Doelstelling

Wat is het doel van de website? Is het een informatieve website, wil je iets promoten of wil je een portfolio laten zien? Elke doelstelling heeft zijn eigen vorm van navigeren en opmaak.

Technische randvoorwaarden

Voor welke apparaten wil je de website geschikt maken en welke resoluties wil je hiervoor gebruiken? Wil je dat de site in oude browsers te zien is, bijvoorbeeld Internet Explorer 11, dan kun je de nodige scripts verzamelen.

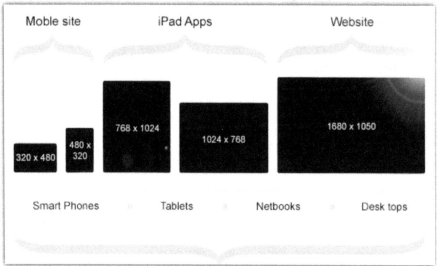

De grootte van een display heeft gevolgen voor de opmaak.

Doelgroep(en) - Gebruikers en Bezoekers

Wie zijn je gebruikers? Zijn dit techneuten of redacteuren? Welke mensen bezoeken je website? Is dit een jong of oud publiek? Gebruikers en bezoekers bepalen het gebruikersgemak en de vormgeving van een website.

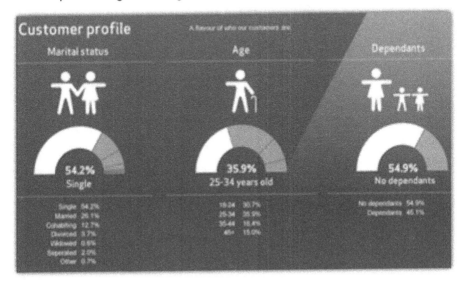

Content, tekst, afbeeldingen, video's etc.

Als je niet alleen een thema, maar ook een website maakt, is het goed om content te verzamelen. Je kunt de structuur en navigatie van de website bepalen aan de hand van de content.

Maak je alleen een thema voor een bepaald onderwerp, doe dan onderzoek om te bepalen wat voor soort content hierin kan worden opgenomen, zoals bijvoorbeeld grafieken, tabellen, tabs of een accordeon menu voor FAQ's.

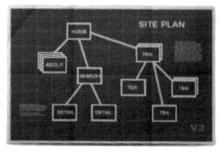

Structuurschema/Flowchart

Door het maken van een structuur-schema krijg je overzicht van de website. Zo wordt het inzichtelijk en zie je hoe snel een bezoeker tot de juiste informatie kan komen.

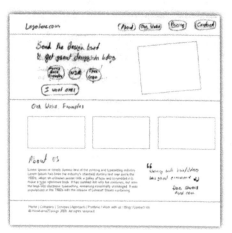

Wireframes/Storyboard

Door het visualiseren van de website met wireframes kun je bepalen wel-ke elementen er op een pagina moeten komen te staan en hoe je dit indeelt. In deze fase ben je nog niet aan het vormgeven. Je bepaalt al-leen welke site-elementen in de di-verse pagina's worden opgenomen.

Visueel ontwerp

Heb je alle bovenstaande onderde-len doorlopen, dan wordt het tijd om een visueel ontwerp te maken. Je weet inmiddels welke site-ele-menten op een pagina staan.

Met een programma zoals Affinity Photo of Photoshop ga je dit vorm-geven.

Usability en accessibility

Een website moet gebruiksvriendelijk en toegankelijk zijn voor een breed publiek. Door een website te structureren en te visualiseren, worden site-onderdelen, waaronder de navigatie, goed zichtbaar.

Met behulp van een visueel ontwerp kun je bepaalde onderdelen nog beter evalueren en aanpassen.

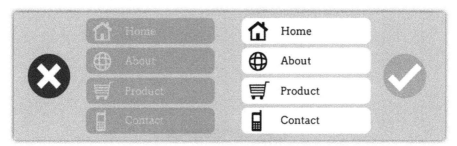

Als je uiteindelijk weet wat je gaat maken, wordt het tijd om dit technisch te realiseren. Je gaat je visueel ontwerp gebruiken om een HTML- en CSS-template te maken.

Aangezien dit geen boek is over webdesign, is het wel handig om te weten waar je aan kunt denken voordat je een thema gaat maken.

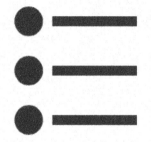

STAPPEN

In dit boek beginnen we met een eenvoudig ontwerp en bouwen dit uit tot een volwaardig WordPress-thema. Ik adviseer om alle stappen die in dit boek beschreven staan op te volgen. Daarnaast raad ik aan om dezelfde template en bestanden te gebruiken. Alle thema-bestanden kun je hier downloaden:

> Je hebt wel een wachtwoord nodig:
> **Adres: wp-books.com/theme/**
> **Wachtwoord: carpediem**

Het thema dat we gaan maken bestaat uit de volgende onderdelen:

Layout: header, menu, content-page, sidebar en footer.

Responsive: layout vanaf 640 px, staand, smartphone, menu, content blokken onder elkaar geplaatst.

Sjabloon: full width.

Custom opties: titel, titelkleur, achtergrondkleur -afbeelding, custom css veld en header/footer-achtergrondkleur.

Een custom logo en kopafbeelding zijn niet opgenomen in dit thema.
In dit boek wordt later uitgelegd hoe je deze functies kunt toepassen.
Als je wilt dat gebruikers in hun eigen thema wel een logo en kopafbeelding kunnen opnemen, moet je hiermee rekening houden in het technisch ontwerp.

Hieronder staan de stappen die we gaan volgen. We beginnen met een HTML-template dat we gaan ombouwen tot diverse WordPress-thema's.

1. HTML ontwerp

In dit hoofdstuk gaan we kijken hoe de HTML-template is opgebouwd. Dit voorbeeld staat symbool voor een zelfgemaakt ontwerp.

2. HTML Responsive ontwerp

In dit hoofdstuk laat ik zien hoe je het ontwerp geschikt kunt maken voor een smartphone of tablet.

3. Basic Theme

In dit hoofdstuk wordt de template omgezet naar een WordPress-thema. Het bestaat alleen uit noodzakelijke themabestanden en wordt door de maker beheerd. Een basic thema is niet geschikt om via *WordPress.org* te verspreiden.

4. Optimized Theme

In dit hoofdstuk gaan we een basic thema volgens de WordPress-richtlijnen opzetten. Een geoptimaliseerd thema kan worden opgenomen in de Thema-directory van *WordPress.org*.

5. Theme met Sjablonen

In dit hoofdstuk wordt uitgelegd hoe je het thema kunt uitbreiden met sjablonen. Dit zijn pagina-indelingen die afwijken van de standaard layout.

6. Theme met Patronen

In dit hoofdstuk wordt uitgelegd hoe je het thema kunt uitbreiden met patronen. Dit is een verzameling van opmaakblokken voor pagina's en berichten.

7. Theme met Customizer

In dit hoofdstuk wordt uitgelegd hoe je een thema kunt uitbreiden met aangepaste opties. Een gebruiker kan hiermee, met behulp van *Dashboard > Weergave > Customizer*, het thema wijzigen.

8. Starter Theme

In dit hoofdstuk wordt uitgelegd hoe je van een starter-thema een eigen thema kunt maken.

9. Child Theme

In dit hoofdstuk wordt uitgelegd hoe je van een bestaand thema een eigen opmaak met extra functies kunt maken..

10. Content Templates

Met Content Templates is het mogelijk om gebruik te maken van één of meerdere vaste layouts binnen een pagina of sjabloon.

Je begint met een eenvoudig ontwerp en bouwt dit geleidelijk uit. Door alle processen te doorlopen krijg je meer inzicht. Is dit proces duidelijk, gebruik dan je eigen ontwerp.

In elke thema hoofdstuk vind je een adres vanwaaruit je de digitale theme bestanden kunt downloaden. De code in deze bestanden kun je kopiëren en plakken in een eigen test-thema.

---

wp-books.com/theme

Theme: ...

HTML ONTWERP

We beginnen met een standaard **HTML5**- en **CSS3**-ontwerp.

Voorbeeldontwerp

Dit bestand bestaat uit een **folder** met de naam **plukdedag_html** met daarin één **HTML**- en één extern **CSS**-bestand.

Bekijk *index.html* in een browser en bekijk daarna de HTML-code.

HTML - index.html

Hieronder de volledige HTML-code.

```html
<!DOCTYPE html>
<html>
<!--head -->
<head>
    <title>Demo Template</title>
    <link href="style.css" rel="stylesheet" type="text/css" media="screen" />
</head>
<!--einde head -->

<body>
    <div id="page">
        <!-- header -->
        <header id="masthead" class="site-header" role="banner">
            <hgroup>
                <div class="site-branding">
                    <h1 class="site-title"><a href="#">Pluk de dag</a></h1>
                    <h2 class="site-description">Maar laat iets over voor morgen</h2>
                </div>
            </hgroup>
            <!-- menu -->
            <nav id="site-navigation" class="main-navigation" role="navigation">
                <ul id="primary-menu" class="menu nav-menu" aria-expanded="false">
                    <li><a href="#">Item een</a>
                    </li>
                    <li><a href="#">Item twee</a>
                    </li>
                    <li><a href="#">Item drie</a>
                        <ul>...</ul>
                    </li>
                    <li><a href="#">Item vier</a>
                    </li>
                </ul>
            </nav>
            <!-- einde menu  -->
        </header>
        <!-- einde header -->
        <section id="primary" class="site-main">
            <!-- content -->
            <article id="content">...</article>
            <!-- einde content -->
        </section>
        <!-- sidebar -->
        <aside id="secondary" class="widget-area" role="complementary">
            <ul>
                <li>SIDEBAR</li>
            </ul>
        </aside>
        <!-- einde sidebar  -->
        <!-- footer -->
        <footer id="colophon" class="site-footer" role="contentinfo">
            <div class="site-info">Footer informatie hier</div>
        </footer>
        <!-- einde footer -->
    </div>
</body>

</html>
```

Zoals je ziet, zijn de HTML-tags voorzien van attributen zoals **id's**, **classes**, en **roles**. Dit is te zien in de tags: `<div>`, `<header>`, `<nav>` `<ul>`, `<section>`, `<aside>` en `<footer>`.

De attribuut-namen en waarden in index.html worden vaak toegepast in bestaande WordPress thema's. Wil je zelf een WordPress thema maken, gebruik dan de **class="attributen"** voor de styling.

Gebruik de attributen en waarden in je eigen template. Hiermee is het ook mogelijk om later functies te gebruiken van bestaande WordPress thema's.

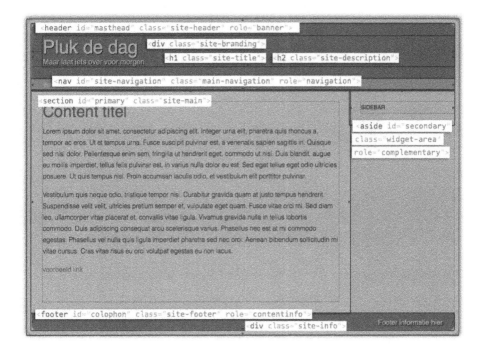

Structuur

We gebruiken een basisopmaak zonder afbeeldingen. De afgeronde hoeken en schaduweffecten zijn gemaakt met behulp van CSS3.

In het hoofdstuk *Thema Met Customizer* krijgt de gebruiker de mogelijkheid om het thema zelf aan te passen. In het hoofdstuk *Thema Met Plugins* heeft de gebruiker de optie om te kiezen voor het juiste lettertype.

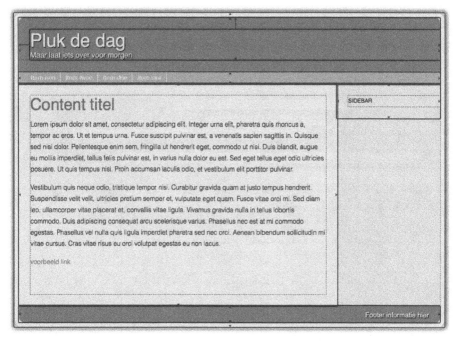

CSS3 werkt goed met de laatste versies van alle gangbare internetbrowsers. Heb je zelf een oude versie? Geen paniek. Je ziet wel de site maar geen afgeronde hoeken en schaduweffecten. Het is overigens wel raadzaam om altijd te beschikken over de laatste browserversie.

Hiernaast zie je de hiërarchische indeling van de opbouw. Het HTML-ontwerp begint met een div box **#page** met daarin de volgende HTML elementen:

<header> met daarin **<hgroup>**, **<div>**, **<h1>**, **<h2>** en **<nav>**

<section> met daarin **<article>**

<aside> en **<footer>**

In de HTML-pagina is commentaar opgenomen **<!-- commentaar -->**

Alle belangrijke elementen zijn daardoor snel te herkennen.

Op de volgende pagina's zie je de volledige CSS-codes.

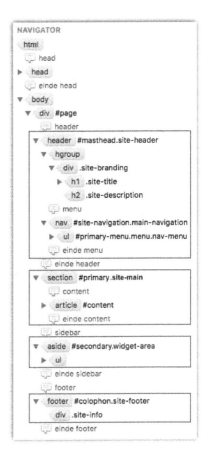

Er wordt niet veel HTML- en CSS-code gebruikt. Dit is gedaan om ervoor te zorgen dat het verwerkingsproces duidelijk en helder blijft.

Nadat de HTML-template is omgezet naar een WordPress thema is het nog steeds mogelijk om je thema te voorzien van extra stijleigenschappen.

Tip: gebruik voornamelijk **Classes** als CSS selector.

22

CSS - style.css

Hieronder de volledige CSS-code.

```css
@charset "UTF-8";

* {
    margin: 0;
    padding: 0;
}
html {
    height: 100%;
}
body {
    padding: 30px 0 0 0;
    font-family: 'Helvetica', Arial;
    color: #3D5159;
    font-size: 14px;
    line-height: 24px;
    background-color: rgb(238, 245, 247);
}
#page {
    position: relative;
    max-width: 935px;
    margin: 0 auto;
    overflow: visible;
    /* radius */
    -webkit-border-radius: 15px;
    -moz-border-radius: 15px;
    border-radius: 15px;
    background-color: #f9f9f9;
    /* schaduw */
    -webkit-box-shadow: 0 0 7px #aaa;
    -moz-box-shadow: 0 0 7px #aaa;
    box-shadow: 0 0 7px #aaa;
    border: 10px solid #fff;
}
.site-header {
    position: relative;
    height: 140px;
    padding-top: 1px;
    clear: both;
    /* radius */
    -moz-border-radius: 10px 10px 0 0;
    -webkit-border-radius: 10px 10px 0 0;
    border-radius: 10px 10px 0 0;
    background-color: #fc7a00;
}
/* Titel en subtitel */
.site-branding {
    margin: 25px 0 0 25px;
}
```

```css
.site-title{
margin: 0;
padding: 0;
}
.site-title a,
.site-title a:visited {
    color: #fff;
    font: 40px 'Helvetica', Arial;
    text-shadow: 1px 1px 1px #000;
    filter: dropshadow(color=#000, offx=1, offy=1);
    margin: 0 0;
}
.site-description {
    color: #fff;
    font-size: 16px!important;
    font: 25px 'Helvetica', Arial;
    text-shadow: 1px 1px 1px #000;
    filter: dropshadow(color=#000, offx=1, offy=1);
}
/* hoofdmenu css */
.main-navigation {
    position: absolute;
    bottom: 0;
    left: 0;
    background-color: rgba(255, 255, 255, 0.5);
    width: 100%;
    height: 25px;
}
.main-navigation .menu {
    position: relative;
    padding-left: 16px;
    margin: 0;
}
.main-navigation li {
    float: left;
    list-style-type: none;
    margin-right: 1px;
    border-right: 1px solid #fff;
}
.main-navigation li a {
    color: #FFF;
    text-decoration: none;
    padding: 0 10px;
    font: 14px 'Helvetica', Arial;
}
```

```
.main-navigation li a:hover,
.main-navigation li.active a,
.main-navigation li.current a {
    color: black;
    text-decoration: none;
}
/* submenu css */
.main-navigation .menu ul {
    display: none;
    padding: 0;
    margin: 0px;
}
.main-navigation li:hover ul {
    display: block;
    position: absolute;
    z-index: 100;
}
.main-navigation li li {
    clear: both;
    background-color: #3e5157;
    opacity: 0.85;
    width: 100%;
    padding: 0;
    border-right: none;
    border-bottom: 1px solid #000;
}
.main-navigation li li a {
    color: #FFF;
}
.main-navigation li li a:hover {
    color: black;
}
.site-main {
    padding: 25px;
    float: left;
    max-width: 655px;
    min-height: 425px;
    background-color: #FFF;
    font-weight: 300;
    text-align: left;
}
.site-main h2,h3 {
    color: #4c99b7;
    padding: 0 0 10px 0;
    font: 35px 'Helvetica', Arial;
}
.site-main p {
    margin: 0 0 15px 0;
}
```

```css
/* Sidebar */
.widget-area {
    padding: 25px 0 25px 25px;
    float: left;
    width: 205px;
}
.widget-area ul {
    font-size: 12px;
    list-style: none;
    margin-left: 0;
    color: #3e5157;
}
.widgettitle {
    font: 13px 'Helvetica', Arial;
    color: #3e5157;
    margin: 0;
}
.widget-area ul ul {
    padding: 0;
}
.site-footer {
    clear: both;
    height: 35px;
    text-align: right;
    color: #FFF;
    /* radius */
    -moz-border-radius: 0 0 10px 10px;
    border-radius: 0 0 10px 10px;
    /* tekstschaduw */
    text-shadow: 2px 2px 2px #555;
    filter: dropshadow(color=#555, offx=2, offy=2);
    font: 20px 'Helvetica', Arial;
    background-color: #fc7a00;
}
.site-info {
    font-size: 15px;
    padding: 10px 25px 0px 0px;
}
/* koppelingen algemeen */
a,
a:visited {
    color: #7499b6;
    text-decoration: none;
}
a:hover {
    color: #000;
}
```

RESPONSIVE ONTWERP

Het uitgangspunt is dat de template responsive is. Zoals je misschien al hebt opgemerkt, wordt er gebruik gemaakt van een style met **max-width** op regel 20 in **style.css**. De maximale breedte van div **#page** is 935px.

```css
#page {
    position: relative;
    max-width: 935px;
    margin: 0 auto;
    overflow: visible;
    /* radius */
    -webkit-border-radius: 15px;
    -moz-border-radius: 15px;
    border-radius: 15px;
    background-color: #f9f9f9;
    /* schaduw */
    -webkit-box-shadow: 0 0 7px #aaa;
    -moz-box-shadow: 0 0 7px #aaa;
    box-shadow: 0 0 7px #aaa;
    border: 10px solid #fff;
}
```

Dit betekent dat als het scherm breder is dan 935px, div **#page** 935px breed is. Als het scherm smaller is dan 935px, dan past de breedte van div #page zich aan het huidige scherm aan.

Je kunt dit testen door je browserscherm te versmallen.

Met deze stijlregel is de template al een beetje responsive gemaakt. Het navigatiemenu is echter nog niet responsive.

wp-books.com/theme
Theme: **pdd_responsive**

CSS

In dit geval wil ik dat het menu een andere opmaak krijgt. Dit kan worden gedaan met **Media Query**. Dit stukje techniek kijkt naar de breedte van het scherm waarin de site wordt geladen. Als het scherm smaller is dan 640px, wordt dit stukje CSS-code geactiveerd en overschrijft het de standaardstijl.

Alle navigatie-elementen, zoals *menu-toggle*, *main-navigation*, *ul* en *li's*, krijgen andere stijleigenschappen.

```css
/* responsive menu met menu-toggle knop */
.menu-toggle {
    display: none;
    float: left;
}
@media only screen and (max-width: 640px) {
    .menu-toggle {
        display: hidden;
        width: 100%;
        height: 42px;
        background: url(menu-icon.png) center no-repeat #4c99b6;
        bottom: 0;
        left: 0;
        display: block;
        border: none;
        border-radius: 0;
        box-shadow: inset 0 0 0;
    }
    a:hover .menu-toggle {
        background-color: #444;
    }
    .main-navigation ul,
    .main-navigation ul:active ul {
        display: none;
        position: absolute;
        left: 0;
        top: 0;
        padding: 0;
        width: 100%;
    }
```

```css
.main-navigation:hover ul {
    display: block;
    background-color: silver;
    opacity: 0.9;
}
.main-navigation:hover li {
    clear: both;
    border-right: none;
    padding: 6px 0;
    border-right: none;
    border-bottom: 1px solid #000;
    width: 100%;
}
.main-navigation:hover li ul {
    display: none;
}
.main-navigation:hover li ul {
    display: block;
    position: relative;
    z-index: 100;
    margin-left: 5%;
    width: 90%;
}
.main-navigation li li {
    background-color: #3e5157;
    padding: 6px 0;
    border-right: none;
    border-bottom: 1px solid #000;
}
.main-navigation li li a {
    color: #FFF;
}
.main-navigation li li a:hover {
    color: black;
}
}
```

De code kan onderaan in het bestand **style.css** worden geplakt.

HTML

Om een responsive menuknop te laten zien in je browservenster moeten er twee regels in index.html worden toegevoegd.

Open **index.html** en voeg een extra regel tussen de `<head>` tag toe.

```
<head>
    <title>Demo Template</title>
    <link href="style.css" rel="stylesheet" type="text/css" media="screen" />
    <meta name="viewport" content="width=device-width" />
</head>
```

Dit stukje code zorgt ervoor dat de werkelijke breedte wordt gebruikt. Anders gebruikt je smartphone mogelijk een grotere resolutie dan de werkelijke breedte van het apparaat.

Voeg daarna de onderstaande code tussen de `<nav>` tag toe.
Gebruik een `<button>` tag met de class **menu-toggle**.

```
<!-- menu + menu-toggle-->
<nav id="site-navigation" class="main-navigation" role="navigation">
    <button class="menu-toggle" aria-controls="primary-menu" aria-expanded="false"></button>
    <ul id="primary-menu" class="menu nav-menu" aria-expanded="false">
        <li><a href="#">Item een</a>
        </li>
        <li><a href="#">Item twee</a>
        </li>
        <li><a href="#">Item drie</a>
            <ul>
                <li><a href="#">Item een</a>
                </li>
                <li><a href="#">Item twee</a>
                </li>
                <li><a href="#">Item drieendertig</a>
                </li>
                <li><a href="#">Item vier</a> </li>
            </ul>
        </li>
        <li><a href="#">Item vier</a>
        </li>
    </ul>
</nav>
```

De class **.menu-toggle** en de **Media Query** zorgen ervoor dat de menu-knop alleen te zien is wanneer het scherm smaller is dan 640px.

Afbeelding

De `<button>` tag heeft als achtergrond een menu-icoon.
Drie horizontale streepjes bovenop elkaar gestapeld.
Vanuit de stylesheet is een verwijzing gemaakt naar dit plaatje.

Zie stijldeclaratie **.menu-toggle**. Het plaatje **menu-icon.png** is een
onderdeel geworden van het thema.

Bekijk je pagina in een browser en verklein het browserscherm om te zien
of het menu zich aanpast.

BASIC THEMA

Om een Basic thema te maken heb je maar een aantal bestanden nodig. Een basis WordPress thema bestaat uit:

- **screenshot.png**
- **menu-icon.png**
- **style.css**
- **index.php**
- **functions.php**
- **single.php**

Alle bestanden, behalve screenshot.png en menu-icon.png, zijn tekstbestanden. Om deze bestanden aan te passen, kun je het programma **Atom** gebruiken voor Apple of **Notepad**++ voor Windows. Let op! Gebruik de juiste extensies **.php** en **.css** bij het opslaan.

Ik adviseer om alle instructiestappen te doorlopen en je WordPress thema zelf te bouwen. Je mag hierbij gebruik maken van de bestanden die je hebt gedownload. Het kopiëren en plakken gaat sneller dan het overtypen van de verschillende scripts.

> **wp-books.com/theme**
> Theme: **pdd_basic**

De scripts in dit boek zijn afkomstig van:
https://codex.wordpress.org/Theme_Development en de standaard thema's **Twentyfourteen** tot en met **Twenty Twenty-One**.

Stap 1 - screenshot.png

Maak een thumbnail van het ontwerp.
Open index.html in je internetbrowser
en maak een schermafbeelding.

Naam: **screenshot.png**

Grootte: **300 x 225 pixels**

Bestandsformaat: **png**

Windows: druk op de toets **Print Screen** (PrtScrn) op het toetsenbord.
Open het programma **Paint** om je schermafbeelding in een nieuw Paint-
bestand te plakken. Pas de grootte aan volgens de bovenstaande gegevens en sla het bestand op.

Apple: druk gelijktijdig op de toetsen **Command+Shift+3**. Een schermafbeelding wordt op je bureaublad opgeslagen. Gebruik het programma
Voorvertoning of een ander fotobewerkingspakket om het bestand aan te
passen volgens de bovenstaande gegevens. (Het plaatje *screenshot.png* is
ook aanwezig in *ppd_basic*).

Je thumbnail is te zien vanuit het Dashboard na een thema installatie

Stap 2 – style.css

Open **style.css** en neem de regels 1 t/m 14 over in jouw CSS-bestand. Hieronder het eindresultaat.

```
1    /*
2    Theme Name: Pluk de dag basic
3    Theme URI: https://www.wp-boeken.nl/theme/
4    Description: Pluk de dag basic theme voor WordPress
5    Author: WJAC
6    Author URI: https://www.wp-boeken.nl
7    Version: 1.0
8    Tags: Orange, grey, white, two-columns, responsive
9
10   License:
11   License URI:
12
13   General comments (optional).
14   */
15
```

WordPress heeft deze toevoeging nodig, waardoor dit thema vertoond kan worden in het systeem via **Dashboard > Weergave > Thema's**.

Theme Name:	Naam van het theme
Theme URI:	URL van het theme
Description:	Beschrijving van het theme
Author:	Naam van de maker
Author URI:	URL van de maker
Version:	Versie nummer
Tags:	Template trefwoorden gescheiden door komma's

Stap 3 – index.php

In index.php ga je elementen verwijderen en PHP-elementen toevoegen.

```php
<!DOCTYPE html>
<html <?php language_attributes(); ?>>
<!--head -->
<head>
    <meta charset="<?php bloginfo( 'charset' ); ?>" />
    <title>
        <?php wp_title(); ?>
    </title>
    <meta name="viewport" content="width=device-width" />
    <link rel="profile" href="http://gmpg.org/xfn/11" />
    <link rel="pingback" href="<?php bloginfo( 'pingback_url' ); ?>" />
    <?php if ( is_singular() && get_option( 'thread_comments' ) ) wp_enqueue_script( 'comment-reply' ); ?>
    <?php wp_head(); ?>
</head>
<!--einde head -->

<body <?php body_class(); ?>>
    <div id="page" class="site">
        <!-- header -->
        <header id="masthead" class="site-header" role="banner">
            <hgroup>
                <div class="site-branding">
                    <h1 class="site-title"><a href="<?php echo esc_url( home_url( '/' ) ); ?>" rel="home">
                    <?php bloginfo( 'name' ); ?></a></h1>
                    <h2 class="site-description"><?php bloginfo( 'description' ); ?></h2>
                </div>
            </hgroup>
            <!-- menu + menu-toggle-->
            <nav id="site-navigation" class="main-navigation" role="navigation">
                <button class="menu-toggle" aria-controls="primary-menu" aria-expanded="false"></button>
                <?php wp_nav_menu( $args ); ?>
            </nav>
            <!-- einde menu  -->
        </header>
        <!-- einde header -->
        <section id="primary" class="site-main">
            <!-- content -->
            <article id="content"> … </article>
        </section>
        <!-- sidebar -->
        <aside id="secondary" class="widget-area" role="complementary">
            <ul>
                <?php if ( function_exists( 'dynamic_sidebar') && dynamic_sidebar() ) : else : ?>
                <?php endif; ?>
            </ul>
        </aside>
        <!-- einde sidebar  -->
        <!-- footer -->
        <footer id="colophon" class="site-footer" role="contentinfo">
            <div class="site-info">
                <?php bloginfo( 'name'); print " - "; echo date( 'Y'); ?>
            </div>
        </footer>
        <!-- einde footer -->
    </div>
</body>

</html>
```

Stappen:
1. **Dupliceer** index.html en **hernoem** dit bestand **index.php**.
2. Open **index.php**.

HTML tag

Vervang de **<html>** tag:

```
<!DOCTYPE html>
<html>
<!--head -->
```

Resultaat:

```
<!DOCTYPE html>
<html <?php language_attributes(); ?>>
<!--head -->
```

▸ Gebruik de juiste DOCTYPE.
▸ **language_attributes()** in **<html>** tag.

Bestand opslaan.

PHP-code wordt in HTML-tags geplaatst, zoals bij de **<html>** tag, maar ook als element gebruikt, dus tussen de open en sluitende HTMLtags, zoals bij element **<title>** ... **</title>** in het **head** gedeelte.

PHP-code staat altijd tussen de tags **<?php** en **?>**.

Een PHP-script bestaat uit één of meer statements.
Een statement wordt afgesloten met een **;** (puntkomma).

```
<?php statement('waarde'); ?>
```

Head gedeelte

```
<!--head -->
<head>
    <title>Demo Template</title>
    <link href="style.css" rel="stylesheet" type="text/css" media="screen" />
    <meta name="viewport" content="width=device-width" />
</head>
<!--einde head -->
```

▸ **Verwijder** de link naar je **stylesheet!** In plaats van deze `<link>` tag gebruik je een `wp_enqueue_script` action hook.

Vanuit een ander bestand wordt naar de stylesheet verwezen.

```
<!--head -->
<head>
    <meta charset="<?php bloginfo( 'charset' ); ?>" />
    <title>
        <?php wp_title(); ?>
    </title>
    <meta name="viewport" content="width=device-width" />
    <link rel="profile" href="http://gmpg.org/xfn/11" />
    <link rel="pingback" href="<?php bloginfo( 'pingback_url' ); ?>" />
    <?php if ( is_singular() && get_option( 'thread_comments' ) ) wp_enqueue_script( 'comment-reply' ); ?>
    <?php wp_head(); ?>
</head>
<!--einde head -->
```

▸ `bloginfo('charset')` in `<meta>` tag.

Dit element moet boven het `<title>` element komen te staan.

▸ `wp_title()` in element `<title>`

▸ XFN (XHTML Friends Network) **gmpg.org** en **pingback_url** in `<link>` tag. Maken van relationele meta data.

▸ Gebruik `wp_head()` voor de sluitende `</head>` tag. Plugins gebruiken een action hook voor eigen scripts, stylesheets en functionaliteit.

Bestand opslaan.

Body en **Header** gedeelte (niet verwarren met Head gedeelte).

```html
<body>
    <div id="page">
        <!-- header -->
        <header id="masthead" class="site-header" role="banner">
            <hgroup>
                <div class="site-branding">
                    <h1 class="site-title"><a href="#">Pluk de dag</a></h1>
                    <h2 class="site-description">Maar laat iets over voor morgen</h2>
                </div>
            </hgroup>
            <!-- menu + menu-toggle-->
            <nav id="site-navigation" class="main-navigation" role="navigation">
                <button class="menu-toggle" aria-controls="primary-menu" aria-expanded="false"></button>
                <ul id="primary-menu" class="menu nav-menu" aria-expanded="false">
                    <li><a href="#">Item een</a>
                    </li>
                    <li><a href="#">Item twee</a>
                    </li>
                    <li><a href="#">Item drie</a>
                        <ul>
                            <li><a href="#">Item een</a>
                            </li>
                            <li><a href="#">Item twee</a>
                            </li>
                            <li><a href="#">Item drieendertig</a>
                            </li>
                            <li><a href="#">Item vier</a> </li>
                        </ul>
                    </li>
                    <li><a href="#">Item vier</a>
                    </li>
                </ul>
            </nav>
            <!-- einde menu -->
        </header>
        <!-- einde header -->
```

HTML-codes worden vervangen met de onderstaande PHP-statements.

```php
<body <?php body_class(); ?>>
    <div id="page" class="site">
        <!-- header -->
        <header id="masthead" class="site-header" role="banner">
            <hgroup>
                <div class="site-branding">
                    <h1 class="site-title"><a href="<?php echo esc_url( home_url( '/' ) ); ?>" rel="home"><?php bloginfo(
                    <h2 class="site-description"><?php bloginfo( 'description' ); ?></h2>
                </div>
            </hgroup>

            <!-- menu -->
            <nav id="site-navigation" class="main-navigation" role="navigation">
                <button class="menu-toggle" aria-controls="primary-menu" aria-expanded="false"></button>
                <?php wp_nav_menu( $args ); ?>
            </nav>
            <!-- einde menu -->
        </header>
```

- `body_class()`   in de `<body>` tag
- `bloginfo('name')`   in element `<h1>`
- `bloginfo('description')`   in element `<h2>`
- `wp_nav_menu()`   in element `<nav>`

Site **titel, beschrijving** en **menu** PHP-elementen. **Bestand opslaan**.

Content gedeelte

```
<!-- content -->
<article id="content">
    <h2>Content titel</h2>
    <p>Lorem ipsum dolor sit amet, consectetur adipiscing elit. Integer urna el
    urna. Fusce suscipit pulvinar est, a venenatis sapien sagittis in. Quisqu
    hendrerit eget, commodo ut nisi. Duis blandit, augue eu mollis imperdiet,
    Sed eget tellus eget odio ultricies posuere. Ut quis tempus nisi. Proin a
    pulvinar. </p>
    <p>Vestibulum quis neque odio, tristique tempor nisi. Curabitur gravida qua
    ultricies pretium semper et, vulputate eget quam. Fusce vitae orci mi. Se
    ligula. Vivamus gravida nulla in tellus lobortis commodo. Duis adipiscing
    commodo egestas. Phasellus vel nulla quis ligula imperdiet pharetra sed n
    vitae risus eu orci volutpat egestas eu non lacus.</p>
    <p> <a href="#">voorbeeld link</a> </p>
</article>
<!-- einde content -->
```

Vervang de titel **<h2>** en Lorem ipsum tekst **<p>**.

Gebruik hiervoor **The Loop** in element `<article>`.

```
<!-- content -->
<article id="content">
    <!-- the loop -->
    <?php if(have_posts()) : ?>
    <?php while(have_posts()) : the_post(); ?>
    <div class="post">
        <h1><a href="<?php the_permalink(); ?>">
            <?php the_title(); ?>
            </a></h1>
        <?php the_time( 'l, F jS, Y') ?>
        <div class="entry">
            <?php the_post_thumbnail(); ?>
            <?php the_content(); ?>
            <p class="postmetadata">
                <?php _e( 'Filed under&#58;'); ?>
                <?php the_category( ', ') ?>
                <?php _e( 'by'); ?>
                <?php the_author(); ?>
                <br />
                <?php comments_popup_link( 'No Comments &#187;', '1 Comment &#187;', '% Comment
                <?php edit_post_link( 'Edit', ' &#124; ', ''); ?>
            </p>
            <br />
        </div>
    </div>
    <?php endwhile; ?>
    <div class="navigation">
        <?php posts_nav_link(); ?>
    </div>
    <?php endif; ?>
    <!-- einde the loop -->
</article>
```

Het script **The Loop** stelt vast welke content, berichten of pagina's er in de homepage vertoond moet worden. **Bestand opslaan.**

Aside en footer gedeelte

Vervang de aangegeven teksten in de elementen <aside> en <footer>.

```
<!-- sidebar -->
<aside id="secondary" class="widget-area" role="complementary">
    <ul>
        <li>SIDEBAR</li>
    </ul>
</aside>
<!-- einde sidebar -->
<!-- footer -->
<footer id="colophon" class="site-footer" role="contentinfo">
    <div class="site-info">Footer informatie hier</div>
</footer>
<!-- einde footer -->
```

Aside

```
<!-- sidebar -->
<aside id="secondary" class="widget-area" role="complementary">
    <ul>
        <?php if ( function_exists( 'dynamic_sidebar' ) && dynamic_sidebar() ) : else : ?>
        <?php endif; ?>
    </ul>
</aside>
<!-- einde sidebar -->
```

▸ Gebruik `function_exists('dynamic_sidebar')` in element <aside>. De code wordt in een <ul> tag opgenomen.
Met dit script is het mogelijk om widgets in je thema te gebruiken.

Footer

```
<!-- footer -->
<footer id="colophon" class="site-footer" role="contentinfo">
<div class="site-info">
    <?php bloginfo( 'name' ); print " - "; echo date( 'Y'); ?>
    </div>
</footer>
<!-- einde footer -->
```

▸ Gebruik `bloginfo('name')` en `date ('Y')` in element <footer>.
Met dit script wordt footer informatie gegenereerd zoals de site-naam en jaartal. **Sla het bestand op**. index.php is klaar! Sluit het bestand af.

Zoals je ziet heb je in de diverse tags en elementen WordPress PHP-codes verwerkt. Hieronder zie je een visuele voorstelling van wat we hebben gedaan.

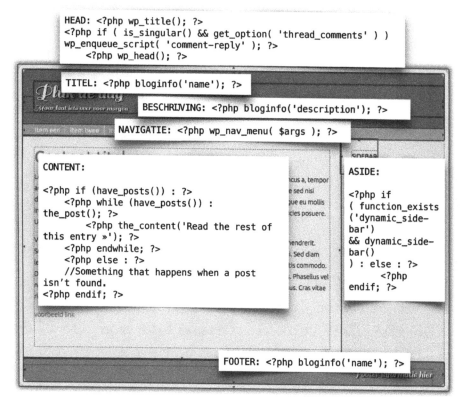

Je hebt nu nog twee bestanden nodig om je WordPress thema compleet te maken.

Stap 4 – functions.php

Maak een bestand aan en noem het **functions.php**. In dit bestand defini-eer je functies die gebruikt worden in het thema, zoals het bepalen van een menu-locatie, het registreren van een sidebar en het opnemen van thumb-nails in berichten. Vanuit dit bestand wordt ook verwezen naar een styles-heet. In het hoofdstuk *Thema Met Customizer* maken we gebruik van dit document.

Neem de onderstaande code over:

```php
<?php

//verwijzing naar stylesheet
function themeslug_enqueue_style() {
    if ( is_child_theme() ) {
        // load parent stylesheet first if this is a child theme
        wp_enqueue_style( 'parent-stylesheet', trailingslashit( get_template_directory_uri() ) . 'style.css', false );
    }
    // load active theme stylesheet in both cases
    wp_enqueue_style( 'theme-stylesheet', get_stylesheet_uri(), false );
}

add_action( 'wp_enqueue_scripts', 'themeslug_enqueue_style' );

//Some simple code for our widget-enabled sidebar
if ( function_exists('register_sidebar') )
    register_sidebar();

//Add support for wp_template custom menus
add_action( 'init', 'register_my_menu' );

//Register area for custom menu
function register_my_menu() {
    register_nav_menu( 'primary-menu', __( 'Primary Menu' ) );
}

// Enable post thumbnails
add_theme_support('post-thumbnails');
set_post_thumbnail_size(520, 250, true);
```

Zoals je misschien hebt opgemerkt wordt de **<?php** declaratie niet afgesloten met **?>**. Sla het bestand op en sluit het document.

Voor meer informatie over functions:
https://developer.wordpress.org/themes/basics/theme-functions.

Stap 5 – single.php

Kopieer het bestand **index.php** en sla het op als **single.php**.

Open het bestand **single.php** en vervang **The Loop**.

```
<!-- content -->
<article id="content">
    <!-- the loop -->
    <?php if(have_posts()) : ?>
    <?php while(have_posts()) : the_post(); ?>
    <div class="post">
        <h1><a href="<?php the_permalink(); ?>">
            <?php the_title(); ?>
            </a></h1>
        <?php the_time( 'l, F jS, Y') ?>
        <div class="entry">
            <?php the_post_thumbnail(); ?>
            <?php the_content(); ?>
            <p class="postmetadata">
                <?php _e( 'Filed under&#58;'); ?>
                <?php the_category( ', ') ?>
                <?php _e( 'by'); ?>
                <?php the_author(); ?>
                <br />
                <?php comments_popup_link( 'No Comments &#187;', '1 Comment &#187;', '% Comments &#187
                <?php edit_post_link( 'Edit', ' &#124; ', ''); ?>
            </p>
            <br />
        </div>
    </div>
    <?php endwhile; ?>
    <div class="navigation">
        <?php posts_nav_link(); ?>
    </div>
    <?php endif; ?>
    <!-- einde the loop -->
</article>
```

Door:

```
<!-- content -->
<article id="content">
    <!-- single -->
    <?php if(have_posts()) : ?>
    <?php while(have_posts()) : the_post(); ?>
    <div class="post">
        <h1><a href="<?php the_permalink(); ?>">
            <?php the_title(); ?>
        </a></h1>
        <div class="entry">
            <?php the_post_thumbnail(); ?>
            <?php the_content(); ?>
            <p class="postmetadata">
                <?php _e('Filed under&#58;'); ?>
                <?php the_category(', ') ?>
                <?php _e('by'); ?>
                <?php the_author(); ?>
                <br />
                <?php comments_popup_link('No Comments &#187;', '1 Comment &#187;', '% Comments &#187;'); ?>
                <?php edit_post_link('Edit', ' &#124; ', ''); ?>
            </p>
        </div>
        <div class="comments-template"> <strong>Wat vind jij ervan?</strong>
            <?php comments_template(); ?>
        </div>
    </div>
    <?php endwhile; ?>
    <div class="navigation">
        <?php previous_post_link('< %link') ?>
        <?php next_post_link(' %link >') ?>
    </div>
    <?php endif; ?>
    <!--einde single -->
</article>
```

Zoals je inmiddels weet, worden alle berichten op een blogpagina onder elkaar vertoond. Het laatste nieuws verschijnt bovenaan.

Wanneer je op de titel van het bericht klikt, verschijnt het volledige bericht. Met **single.php** zorg je ervoor dat een post/bericht in zijn geheel wordt vertoond.

Template comprimeren

Wanneer je alle voorgaande stappen 1 t/m 5 hebt doorlopen heb je een basis thema gemaakt. Voordat je het basis thema gaat installeren, ga je de folder **plukdedag comprimeren** oftewel **zippen.**

Thema's en plugins worden altijd als gecomprimeerd (gezipt) bestand geïnstalleerd in WordPress.

Selecteer de folder **plukdedag**. Klik met de rechtermuis-knop en kies voor:

Apple: Comprimeer **wp_template**.

Windows: kopiëren naar + Gecomprimeerde map.

Je template is nu gecomprimeerd en kan worden geïnstalleerd!

Tip voor Apple-gebruikers: soms kan het zijn dat de template niet goed is ingepakt met behulp van de functie comprimeer. Een installatie gaat dan niet lukken.
*Wanneer dit het geval is probeer dan de template in te pakken met een ander ZIP-programma dat PC compatible is. Er zijn vele (gratis) ZIP-programma's te downloaden (bijvoorbeeld **YemuZip**).*

Template installeren

Ga naar: **Dashboard > Weergave > Thema's.**
Klik op **Nieuwe toevoegen**.

Klik op de tab **Uploaden**.

Met **Uploaden** selecteer en installeer je de nieuwe thema.

1. Klik op **Kies bestand**.
2. Selecteer **plukdedag.zip**.
3. Klik op **Nu installeren**.
4. **Activeer** je thema.
5. Bekijk de site.

Klik je vanuit de homepage op een titel dan zie je het volledige artikel.
Gefeliciteerd! De HTML template is omgezet voor WordPress.

OPTIMIZED THEMA

Wil je snel een zelfgemaakt thema gebruiken? Dan is de methode die ik in het vorige hoofdstuk heb beschreven zeer efficiënt. Jij bent de architect van het thema. Dit thema is dan ook redelijk eenvoudig zelf te beheren.

Wanneer je het thema **Pluk de dag** vergelijkt met bijvoorbeeld het thema **twentytwenty** (zie folder *wp_content > themes*), zie je in index.php een andere opbouw.

In het bestand index.php van **Twenty Twenty** staan verwijzingen naar andere PHP-bestanden met daarin de benodigde scripts. In het bestand index.php van **Pluk de dag** zitten alle benodigde scripts in één pagina.

Beide index-bestanden doen precies hetzelfde, maar meestal is het in WordPress gebruikelijk om diverse scripts in een eigen bestand op te slaan. De code is hierdoor gescheiden, snel te vinden en aan te passen. Zo krijg je dus meer bestanden in één thema-map.

Vanuit de indexpagina, zoals die van Twenty Twenty, wordt verwezen naar verschillende bestanden. De indexpagina voegt zo alles samen. Wil je een aanpassing doen in bijvoorbeeld de header van het thema, dan hoef je maar één bestand te wijzigen, namelijk *header.php*. In het geval van het thema **Pluk de dag** moeten er twee bestanden worden aangepast, namelijk *index* en *single.php*.

---

wp-books.com/theme
Theme: **pdd_optimized**

Wil je een thema volgens de gebruikelijke WordPress-methode maken, dan heb je de volgende basisbestanden nodig:

- Screenshot: **screenshot.png**
- Startpagina: **index.php**
- The loop: **template-parts/content.php**
- Head en header scripts: **header.php**
- Sidebar-scripts: **sidebar.php**
- Footer script: **footer.php**
- Vertonen van één bericht: **template-parts/content-single.php**
- Functies vanuit WP: **functions.php**

Hoe ziet de code er dan uit? Nou eigenlijk zie je bijna hetzelfde als wat je eerder hebt gemaakt. In dit geval is alles in stukjes geknipt.

Vanuit de aangepaste index-pagina zijn bepaalde scripts vervangen door PHP-verwijzingen.

Een verwijzing zoals het PHP-script `<?php get_header( ); ?>` verwijst naar het bestand **header.php**.

Een verwijzing zoals het PHP-script
`<?php get_template_part('template-parts/content'); ?>`,
`<?php get_siderbar(); ?>` en `<?php get_footer(); ?>`
verwijst naar het bestand **content.php**, **sidebar.php** en **footer.php**.

In de volgende pagina's is de volledige **index, header, content, sidebar** en **footer** script te zien.

```html
<!DOCTYPE html>
<html <?php language_attributes(); ?>>
<!--head -->
<head>
    <meta charset="<?php bloginfo( 'charset' ); ?>" />
    <title>
        <?php wp_title(); ?>
    </title>
    <meta name="viewport" content="width=device-width" />
    <link rel="profile" href="http://gmpg.org/xfn/11" />
    <link rel="pingback" href="<?php bloginfo( 'pingback_url' ); ?>" />
    <?php if ( is_singular() && get_option( 'thread_comments' ) ) wp_enqueue_script( 'comment-reply' ); ?>
    <?php wp_head(); ?>
</head>
<!--einde head -->

<body <?php body_class(); ?>>
    <div id="page" class="site">
        <!-- header -->
        <header id="masthead" class="site-header" role="banner">
            <hgroup>
                <div class="site-branding">
                    <h1 class="site-title"><a href="<?php echo esc_url( home_url( '/' ) ); ?>" rel="home"><?php bloginfo( 'name' ); ?></a></h1>
                    <h2 class="site-description"><?php bloginfo( 'description' ); ?></h2>
                </div>
            </hgroup>

            <!-- menu -->
            <nav id="site-navigation" class="main-navigation" role="navigation">
                <button class="menu-toggle" aria-controls="primary-menu" aria-expanded="false"></button>
                <?php wp_nav_menu( $args ); ?>
            </nav>
            <!-- einde menu -->
        </header>
        <!-- einde header -->
        <section id="primary" class="site-main">
            <!-- content -->
            <article id="content">
                <!-- the loop -->
                <?php if(have_posts()) : ?>
                <?php while(have_posts()) : the_post(); ?>
                <div class="post">
                    <h1><a href="<?php the_permalink(); ?>">
                        <?php the_title(); ?>
                    </a></h1>
                    <?php the_time( 'l, F jS, Y' ) ?>
                    <div class="entry">
                        <?php the_post_thumbnail(); ?>
                        <?php the_content(); ?>
                        <p class="postmetadata">
                            <?php _e( 'Filed under&#58;'); ?>
                            <?php the_category( ', ') ?>
                            <?php _e( 'by'); ?>
                            <?php the_author(); ?>
                            <br />
                            <?php comments_popup_link( 'No Comments &#187;', '1 Comment &#187;', '% Comments &#187;'); ?>
                            <?php edit_post_link( 'Edit', ' &#124; ', ''); ?>
                        </p>
                        <br />
                    </div>
                </div>
                <?php endwhile; ?>
                <div class="navigation">
                    <?php posts_nav_link(); ?>
                </div>
                <?php endif; ?>
                <!-- einde the loop -->
            </article>
        </section>
        <!-- sidebar -->
        <aside id="secondary" class="widget-area" role="complementary">
            <ul>
                <?php if ( function_exists( 'dynamic_sidebar') && dynamic_sidebar() ) : else : ?>
                <?php endif; ?>
            </ul>
        </aside>
        <!-- einde sidebar -->
        <!-- footer -->
        <footer id="colophon" class="site-footer" role="contentinfo">
            <div class="site-info">
                <?php bloginfo( 'name'); print " - "; echo date( 'Y'); ?>
            </div>
        </footer>
        <!-- einde footer -->
    </div>
</body>

</html>
```

52

Stappen:

1. Maak een kopie van je basic thema **pluk de dag**.
2. Vanuit deze folder dupliceer **4x index.php**.
3. Hernoem de vier gedupliceerde pagina's;
   header.php, content.php, sidebar.php en **footer.php**
4. **index.php** wordt in vier stukken geknipt. Daarvoor in de plaats
   komt een verwijzing naar het desbetreffend bestand.

index.php

index.php wordt ...

```php
<?php get_header( ); ?>                                          1

<?php                                                        2
    // Start the loop.
    if ( have_posts() ) : get_template_part( 'template-parts/content', get_post_format() );
    // If no content, include the "No posts found" template.
    else : get_template_part( 'template-parts/content', 'none' );
    endif;
    ?>
                                                        3
<?php get_sidebar( ); ?>
<?php get_footer( ); ?>                              4
```

Sla het bestaan op.

Bij **1** , **3** en **4** `get_header();` `get_sidebar();` en `get_footer();`
zie je verwijzingen naar desbetreffende PHP-bestanden.

Bij **2**, wordt *The loop* vervangen door een nieuw script. Vanuit dit script
wordt verwezen naar het bestand **content.php** of **content-none.php** te
vinden in de folder **template-parts**.

The Loop code in index.php is vervangen door:

```
get_template_part ('content')
```

The Loop code is in het bestand **content.php** opgenomen. Het principe lijkt veel op `get_header, get_footer` etc. maar in dit geval verwijst dit naar een bestand met uitvoerende (loop)code.

Met behulp van `get_template_part()` kan eenvoudig in diverse pagina's één regel code worden opgenomen i.p.v. een grote blok code.

Deze methode zorgt ervoor dat de index pagina overzichtelijk wordt. Een conditional statement zoals een **if - else** statement kan in dit geval met twee code-regels uitgevoerd worden in plaats van twee grote blokken code. Deze methode wordt DRY genoemd. Dit staat voor **D**on't **R**epeat **Y**ourself.

In *index.php* worden twee parameters gebruikt

```
get_template_part ('template-parts/content')
```

en

```
get_template_part ('template-parts/content','none')
```

Het script kijkt naar het bestand in de folder *template-parts* met de naam *content.php* en *content-none.php*, pagina's met aangepaste loop code.

content-none.php is een pagina dat vertoond wordt als er geen berichten (Posts) in een WordPress website zijn gevonden.

header.php

Open **header.php** en verwijder alles behalve:

`<DOCTYPE html>` tm. `<!-- einde header -->`

```
<!DOCTYPE html>
<html <?php language_attributes(); ?>>
<!--head -->
<head>
    <meta charset="<?php bloginfo( 'charset' ); ?>" />
    <title>
        <?php wp_title(); ?>
    </title>
    <meta name="viewport" content="width=device-width" />
    <link rel="profile" href="http://gmpg.org/xfn/11" />
    <link rel="pingback" href="<?php bloginfo( 'pingback_url' ); ?>" />
    <?php if ( is_singular() && get_option( 'thread_comments' ) ) wp_enqueue_script( 'comment-reply' ); ?>
    <?php wp_head(); ?>
</head>
<!--einde head -->

<body <?php body_class(); ?>>
    <div id="page" class="site">
        <!-- header -->
        <header id="masthead" class="site-header" role="banner">
            <hgroup>
                <div class="site-branding">
                    <h1 class="site-title"><a href="<?php echo esc_url( home_url( '/' ) ); ?>" rel="home"><?php
                        bloginfo( 'name' ); ?></a></h1>
                    <h2 class="site-description"><?php bloginfo( 'description' ); ?></h2>
                </div>
            </hgroup>
            <!-- menu + menu-toggle-->
            <nav id="site-navigation" class="main-navigation" role="navigation">
                <button class="menu-toggle" aria-controls="primary-menu" aria-expanded="false"></button>
                <?php wp_nav_menu( $args ); ?>
            </nav>
            <!-- einde menu -->
        </header>
        <!-- einde header -->
```

Sla het bestand op.

sidebar.php

Open **sidebar.php** en verwijder alles behalve:

`<!-- sidebar -->` tm. `<!-- einde sidebar -->`

```
<!-- sidebar -->
<aside id="secondary" class="widget-area" role="complementary">
    <ul>
        <?php if ( function_exists( 'dynamic_sidebar' ) && dynamic_sidebar() ) :
        else : ?>
        <?php endif; ?>
    </ul>
</aside>
<!-- einde sidebar -->
```

Sla het bestand op.

footer.php

Open **footer.php** en verwijder alles behalve:

`<!-- footer -->` tm. `<!-- einde footer -->`

```
        <!-- footer -->
        <footer id="colophon" class="site-footer" role="contentinfo">
            <div class="site-info">
            <?php bloginfo( 'name' ); print " - "; echo date( 'Y'); ?>
            </div>
        </footer>
        <!-- einde footer -->
    </div>
</body>

</html>
```

Sla het bestand op.

content.php

Open **content.php** en verwijder alles behalve:

`<section id="primary" class="site-main">`

tm. `</section>`

```
<section id="primary" class="site-main">
    <!-- content -->
    <article id="content">
        <!-- the loop -->
        <?php if(have_posts()) : ?>
        <?php while(have_posts()) : the_post(); ?>
        <div class="post">
            <h1><a href="<?php the_permalink(); ?>">
                <?php the_title(); ?>
                </a></h1>
            <?php the_time( 'l, F jS, Y') ?>
            <div class="entry">
                <?php the_post_thumbnail(); ?>
                <?php the_content(); ?>
                <p class="postmetadata">
                    <?php _e( 'Filed under&#58;'); ?>
                    <?php the_category( ', ') ?>
                    <?php _e( 'by'); ?>
                    <?php the_author(); ?>
                    <br />
                    <?php comments_popup_link( 'No Comments &#187;', '1 Comment &#187;',
                    <?php edit_post_link( 'Edit', ' &#124; ', ''); ?>
                </p>
                <br />
            </div>
        </div>
        <?php endwhile; ?>
        <div class="navigation">
            <?php posts_nav_link(); ?>
        </div>
        <?php endif; ?>
        <!-- einde the loop -->
    </article>
</section>
```

Sla het bestand op.

Plaats dit document in een folder met de naam **template-parts**.

content-none.php

Dupliceer **content.php.** Geef het de naam **content-none.php**

The Loop code wordt vervangen door een nieuw script. Dit script genereert een pagina wanneer er geen berichten (Posts) zijn opgenomen binnen een WordPress website.

```php
<section id="primary" class="site-main">
    <!-- content -->
    <article id="content">

        <?php
        if ( is_home() && current_user_can( 'publish_posts' ) ) : ?>

            <p><?php printf( wp_kses( __( 'Ready to publish your first post? <a href=
                esc_url( admin_url( 'post-new.php' ) ) ); ?></p>

        <?php elseif ( is_search() ) : ?>

            <p><?php esc_html_e( 'Sorry, but nothing matched your search terms. Pleas
            <?php
                get_search_form();

        else : ?>

            <p><?php esc_html_e( 'It seems we can&rsquo;t find what you&rsquo;re look
            <?php
                get_search_form();

        endif; ?>

    </article>
</section>
```

Sla het bestand op.

Plaats dit document in de folder **template-parts**.

single.php

Open **single.php** en verwijder net als in de originele index pagina de *head*, *header*, *sidebar* en *footer* gedeelte.

```php
<?php get_header( ); ?>

    <section id="primary" class="site-main">
        <!-- content -->
        <article id="content">
            <!-- single -->
                <?php if(have_posts()) : ?>
                <?php while(have_posts()) : the_post(); ?>
                <div class="post">
                    <h1><a href="<?php the_permalink(); ?>">
                        <?php the_title(); ?>
                    </a></h1>
                    <div class="entry">
                        <?php the_post_thumbnail(); ?>
                        <?php the_content(); ?>
                        <p class="postmetadata">
                            <?php _e('Filed under&#58;'); ?>
                            <?php the_category(', ') ?>
                            <?php _e('by'); ?>
                            <?php  the_author(); ?>
                            <br />
                            <?php comments_popup_link('No Comments &#187;', '1 Comment &#1
                            <?php edit_post_link('Edit', ' &#124; ', ''); ?>
                        </p>
                    </div>
                    <div class="comments-template"> <strong>Wat vind jij ervan?</stror
                        <?php comments_template(); ?>
                    </div>
                </div>
                <?php endwhile; ?>
                <div class="navigation">
                    <?php previous_post_link('< %link') ?>
                    <?php next_post_link(' %link >') ?>
                </div>
                <?php endif; ?>
            <!--einde single -->
        </article>
    </section>
<?php get_sidebar( ); ?>
<?php get_footer( ); ?>
```

Daarvoor in de plaats neem je de verwijzingen op naar de desbetreffende pagina's. Dit bestand zorgt ervoor dat een bericht in zijn geheel wordt vertoond. **Sla het bestand op**.

functions.php

Dit bestand blijft ongewijzigd. In dit bestand definieer je functies die worden gebruikt in het thema. Functies zoals het bepalen van de menu-locatie, het registreren van jouw zijbalken en het opnemen van miniaturen in berichten. Vanuit dit bestand wordt ook verwezen naar jouw stylesheet. In het hoofdstuk *Thema Met Customizer* maken we opnieuw gebruik van dit document.

style.css

Dit bestand blijft ongewijzigd. Het is wel handig om de **Theme Name** aan te vullen met **- Optimaal**. Hierdoor is het thema sneller te herkennen.

```
1   /*
2   Theme Name: Pluk de dag - Optimaal
3   Theme URI: https://www.wp-boeken.nl/theme/
4   Description: Pluk de dag basic theme voor WordPress
5   Author: WJAC
6   Author URI: https://www.wp-boeken.nl
7   Version: 1.0
8   Tags: Orange, grey, white, two-columns, responsive
9
10  License:
11  License URI:
12
13  General comments (optional).
14  */
```

Extra thema bestanden

In de themamap van **twentysixteen** zie je dat er nog meer thema-bestanden zijn. Elk bestand zorgt voor de juiste werking van een specifiek onderdeel binnen het systeem. Je kunt dus het optimized thema uitbreiden.

Nu je meer inzicht hebt gekregen is het relatief eenvoudig om je eigen thema uit te breiden.

Extra thema-bestanden zijn niet verplicht. Zelfs als een bestand niet aanwezig is, zoals een **404.php**, betekent dit niet dat deze functie is uitgeschakeld. Met behulp van extra thema-bestanden heb je de mogelijkheid om meer controle te krijgen over een pagina, zodat deze beter aansluit bij jouw thema. Zo kun je bijvoorbeeld op een pagina extra elementen opnemen, zoals tekst, een categorievermelding, een uitgelichte afbeelding, datum, schrijver, enzovoort.

```php
<?php
/**
 * The template for displaying 404 pages (not found).
 *
 * @link https://codex.wordpress.org/Creating_an_Error_404_Page
 *
 * @package Pluk_de_dag
 */

get_header( ); ?>
<section id="primary" class="site-main">
    <!-- content -->
    <article id="content">
        <h1 class="page-title"><?php esc_html_e( 'Oops! That page can&rsquo;t be found.', 'plukdedag' ); ?></h1>
        <p>
            <?php esc_html_e( 'It looks like nothing was found at this location. Maybe try one of the links below or a searc
        </p>
        <?php get_search_form(); ?>
    </article>
</section>
```

In het thema Pluk de Dag - Optimaal zijn de extra thema-bestanden een kopie van index.php, met als uitzondering dat de inhoud een specifieke invulling heeft. Zoals bijvoorbeeld een **404.php**-bestand met bericht en zoekveld of het genereren van de zoekresultaten met behulp van een inhoudsscript in **search.php**.

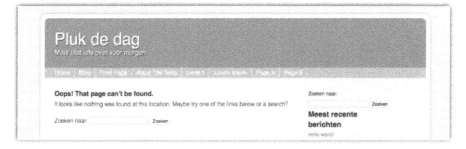

Tip: Als je een thema wilt uitbreiden met extra thema-bestanden, kijk dan naar standaard-thema's zoals twentysixteen. Kopieer de extra themabestanden, plaats ze in je eigen thema-map en pas ze aan waar nodig.

Theme installeren

Als je klaar bent met je optimized thema, is het tijd om het thema te **comprimeren**.

Installeer en **activeer** het thema. Bekijk de website. Zoals je ziet, is er geen verschil met het basisthema.

Een optimized thema is uitgebreid en toegankelijk gemaakt. Het enige verschil is dat het thema beschikt over meer bestanden die zorgen voor de juiste werking van een specifiek onderdeel binnen het systeem. Het kost wel wat tijd om een thema te voorzien van extra bestanden. Zoals op de volgende pagina's getoond, zijn het er nogal wat.

Het maken van een eigen optimized thema heeft als voordeel dat je zelf bepaalt hoeveel extra bestanden je gaat gebruiken.

Om veel tijd en moeite te besparen, is het soms beter om gebruik te maken van een Starter Theme. Dit is een basis thema voorzien van alle denkbare thema-bestanden. De truc is om een Starter Theme de juiste stijl mee te geven. In het hoofdstuk *STARTER THEME* meer hierover..

Hieronder en op de volgende pagina's volgt een opsomming van basis- en extra thema-bestanden:

index.php
De startpagina van het thema. Het voegt alle benodigde thema bestanden samen zoals *header.php*, *content.php*, *sidebar.php* en *footer.php*.

style.css

Dit is het belangrijkste stijlbestand van het thema. Daarnaast bevat dit bestand ook thema-informatie die nodig is voor het WordPress-systeem.

header.php

Dit bestand bevat de HEAD, HEADER en NAVIGATIE scripts.

sidebar.php

De sidebar wordt aangestuurd vanuit dit bestand. De inhoud van de sidebar widgets wordt opgezet vanuit de WordPress admin panel.

footer.php

Dit bestand bevat FOOTER scripts en kan ook HTML tags bevatten.

single.php

Dit bestand zorgt ervoor dat een individueel bericht (post) in zijn geheel wordt vertoond. Dit bestand lijkt veel op index.php, met uitzondering dat The Loop is vervangen door een ander script. Wil je een pagina laten zien zonder sidebar, gebruik dan een sjabloon pagina. Dit bestand is hetzelfde als index.php, met als uitzondering dat alle sidebar elementen zijn verwijderd.

content.php

In dit bestand zit een script verwerkt genaamd The Loop. Dit stelt vast wat voor content (berichten of pagina's) vertoond moet worden. The Loop haalt zijn informatie uit de database. De content van de site wordt bepaald door de eindgebruiker. In The Loop heb je de mogelijkheid om extra pagina elementen op te nemen. Kennis van PHP is hiervoor wel handig Voor meer informatie ga naar: *developer.wordpress.org/themes/basics/the-loop*.

functions.php

Dit bestand is nodig voor de werking van bepaalde functies in thema-bestanden. Met dit bestand is het bijvoorbeeld mogelijk om een eigen menu samen te stellen en een sidebar te (de)activeren.

404.php

Met dit bestand kun je een error-pagina voorzien van extra site-informatie en functies. Deze pagina krijgt een bezoeker te zien wanneer een verkeerde URL is ingevoerd. Dit bestand lijkt veel op index.php, met uitzondering dat The Loop is vervangen door een ander script. Voor meer informatie: *http://codex.wordpress.org/Creating_an_Error_404_Page.*

rtl.css

Stylesheet dat wordt toegepast als de website-taal van rechts naar links is.

comments.php

Pagina die gebruikt wordt als reactie geleverd is door lezers.

front-page.php

Statische voorpagina die wordt toegepast nadat dit is ingesteld in: *Dashboard > Instellingen > Lezen.*

home.php

Als er geen gebruik wordt gemaakt van een statische voorpagina, dan wordt dit bestand gebruikt om alle berichten te vertonen.

page.php

Pagina voor afzonderlijke (custom) pagina's.

category.php
Pagina dat wordt vertoond nadat een bezoeker heeft gekozen voor een categorie.

tag.php
Pagina dat wordt vertoond nadat een bezoeker heeft gekozen voor een tag.

taxonomy.php
Pagina dat wordt vertoond na een specifieke zoekactie.

author.php
Auteur pagina.

date.php
Datum en tijd pagina.

archive.php
Archief pagina.

search.php
Zoekresultaten pagina.

attachment.php
Attachment pagina voor het vertonen van attachments zoals een afbeelding, pdf of andere media files.

image.php
Een specifieke versie van *attachment.php* wordt gebruikt bij het bekijken van een enkele afbeelding.

Voor meer informatie over template-files ga naar:
https://codex.wordpress.org/Theme_Development#Template_Files.

WordPress Template Hierarchie. (v.r.n.l.)

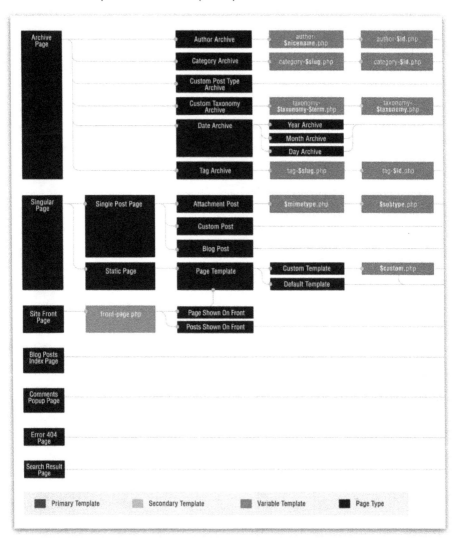

Interactieve versie is hier te vinden: *https://wphierarchy.com.*

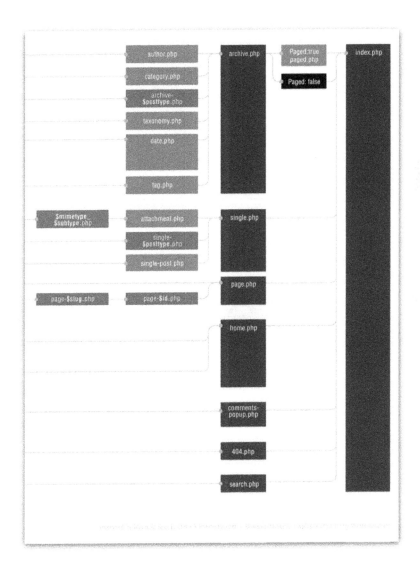

THEMA MET TEMPLATES

Sommige thema's zijn voorzien van verschillende **sjablonen**. Dit is handig om binnen een standaard opmaak de indeling te veranderen. Wil je een pagina **met** of **zonder** zijbalk(en), dan kan dit met behulp van **Pagina-attributen**. Kies bij het sjabloon voor **Pagina in volledige breedte**.

Binnen een thema kun je beschikken over verschillende sjablonen. In de meeste thema's heb je de mogelijkheid om gebruik te maken van een opmaak **met** of **zonder zijbalk** (aside).

Soms kun je kiezen voor een **HomePage** sjabloon. Dit ziet er anders uit dan de rest van de site. Een Homepage bevat bijvoorbeeld een slider of banner. Een vervolgpagina maakt gebruik van een standaard opmaak.

wp-books.com/theme
Theme: **pdd_sjabloon**

Sjabloon maken

We gaan uit van het laatst gemaakte thema, namelijk *plukdedag_optimaal*.
Dit thema beschikt niet over een sjabloon voor *Pagina in volle breedte*.
Onder Pagina-attributen is dit dan ook niet te zien.

Stappen:

Maak een kopie van je thema
plukdedag_optimaal.

Hernoem de folder **plukdedag_sjabloon**.
Deze folder toont je thema bestanden

De opmaak van de pagina is te vinden
in **index.php**.

In *index.php* staat beschreven welke elementen er in de pagina staan zoals
een **content** en **sidebar** element.

Dupliceer **index.php**
en noem dit
volle-breedte.php.

Open *volle-breedte.php*
in een tekstverwerker.

Een stukje code toevoegen

Helemaal boven in dit document ga je een stukje code toevoegen.
Hiermee wordt de pagina herkend binnen het thema als een sjabloon.

```php
<?php
/**
 * Template Name: Opmaak zonder Zijbalk, No Sidebar
 */
?>

<?php get_header( ); ?>
```

Een stukje code verwijderen

In dit document ga je een stukje code verwijderen. In deze pagina staat een
element namelijk een **sidebar**. Verwijder dit uit het document.

Verwijder `<?php get_sidebar( ); ?>`

```php
<?php get_sidebar( ); ?>
<?php get_footer( ); ?>
```

Verwijder ook het stukje code met verwijzing naar **content.php**.

```php
<?php get_header( ); ?>

<?php
    // Start the loop.
    if ( have_posts() ) : get_template_part( 'template-parts/content', get_post_format() );
    // If no content, include the "No posts found" template.
    else : get_template_part( 'template-parts/content', 'none' );
    endif;
    ?>

<?php get_sidebar( ); ?>
<?php get_footer( ); ?>
```

Daarvoor in de plaats plak je het volledige script **The Loop**. Dit kan je
kopiëren vanuit **content.php** in het mapje **template-parts**. Zorg ervoor
dat *The Loop* omvat wordt door de tags `<section>` en `<article>`.

Nu willen we de volledige breedte aanpassen van div **<section>**.

```php
<?php
/**
 * Template Name: Opmaak zonder Zijbalk, No Sidebar
 */
?>

<?php get_header(); ?>

<section id="primary" class="site-main" style="max-width:890px">
    <!-- content -->
    <article id="content">
        <!-- the loop -->
        <?php if(have_posts()) : ?>
        <?php while(have_posts()) : the_post(); ?>
        <div class="post">
            <h1><a href="<?php the_permalink(); ?>">
                <?php the_title(); ?>
            </a></h1>
            <?php the_time( 'l, F jS, Y') ?>
            <div class="entry">
                <?php the_post_thumbnail(); ?>
                <?php the_content(); ?>
                <p class="postmetadata">
                    <?php _e( 'Filed under&#58;'); ?>
                    <?php the_category( ', ') ?>
                    <?php _e( 'by'); ?>
                    <?php the_author(); ?>
                    <br />
                    <?php comments_popup_link( 'No Comments &#187;', '1 Comment &#187;', '% Comments &#187;'); ?>
                    <?php edit_post_link( 'Edit', ' &#124; ', ''); ?>
                </p>
                <br />
            </div>
        </div>
        <?php endwhile; ?>
        <div class="navigation">
            <?php posts_nav_link(); ?>
        </div>
        <?php endif; ?>
        <!-- einde the loop -->
    </article>
</section>

<?php get_footer(); ?>
```

Ga naar **<section id="primary" class="site-main">**.

Voeg een style attribuut toe; **style="max-width:890px"**

Dit wordt dan:

```html
<section id="primary" class="site-main" style="max-width:890px">
```

De *style* attribuut zorgt ervoor dat de content box de volledige breedte krijgt van de layout. Wordt dit stukje code niet toegevoegd, dan lijkt het alsof de sidebar nog aanwezig is. Inline CSS overschrijft de stijlregels die in style.css zijn opgenomen.

style.css

Open **style.css** om de *Theme Name* aan te passen. Hierdoor is je thema makkelijk te herkennen nadat dit is geïnstalleerd..

```
1    /*
2    Theme Name: Pluk de dag - Sjabloon
3    Theme URI: https://www.wp-boeken.nl/theme/
4    Description: Pluk de dag basic theme voor WordPress
5    Author: WJAC
6    Author URI: https://www.wp-boeken.nl
7    Version: 1.0
8    Tags: Orange, grey, white, two-columns, responsive
9
10   License:
11   License URI:
12
13   General comments (optional).
14   */
```

Thema installeren en activeren

Om te zien of het sjabloon binnen dit thema werkt gaan we het thema **installeren** en **activeren**.

Ga daarna naar een pagina om van sjabloon te veranderen.
Dit vind je bij **Pagina-attributen - Template**.

Daarna klik je op de knop **Bijwerken**. Je kunt binnen een bestaand thema
verschillende sjablonen opnemen.

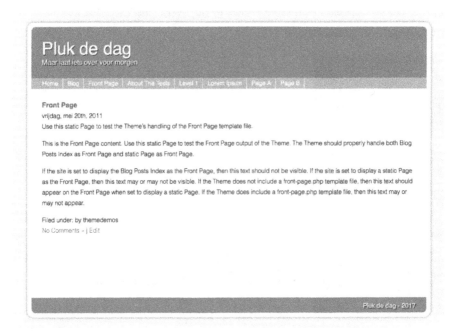

Meer informatie over sjablonen binnen een thema kun je vinden op: *https://developer.wordpress.org/themes/template-files-section/page-template-files*.

THEMA MET PATRONEN

Vanaf versie 5.5 worden thema's voorzien van Blok-Patronen. Een patroon is een opmaak speciaal gemaakt voor pagina's en berichten, zoals een testimonial-, knop-, prijs- of teamblok.

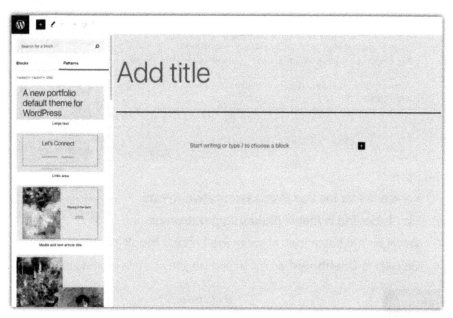

Het voordeel is dat een gebruiker direct vanuit de editor een keuze kan maken uit diverse patronen. Het is daarna niet meer nodig om blokken van extra opmaak te voorzien. Nadat een patroon is toegevoegd aan een pagina of bericht, kan een gebruiker direct de voorbeeld-content vervangen.

WordPress beschikt ook over Core-patronen, zoals Knoppen, Kolommen, Galerijen, Headers en Tekst (thema-onafhankelijk).

> **wp-books.com/theme**
> Theme: **pdd_patronen**

Patroon maken

We gaan uit van het thema *plukdedag_optimaal*. Dupliceer het thema.

Noem dit **plukdedag_patronen**. Open **style.css** en pas dit aan.

Theme-naam wordt *Pluk de dag - Patronen*, zodat dit makkelijk te herkennen is nadat het is geïnstalleerd.

```
1   /*
2   Theme Name: Pluk de dag - Patronen
3   Theme URI: https://www.wp-boeken.nl/theme/
4   Description: Pluk de dag basic theme voor WordPress
5   Author: WJAC
6   Author URI: https://www.wp-boeken.nl
7   Version: 1.0
8   Tags: Orange, grey, white, two-columns, responsive
9
10  License:
11  License URI:
```

Stappen:

1. Kopieer folder **inc** van thema **twentytwentyone**.
2. Plak folder **inc** in thema **plukdedag_patronen**.
3. Verwijder alle bestanden in folder **inc** behalve **block-patterns.php**.
4. Ga naar je **Dashboard** en maak een pagina op m.b.v. de editor.

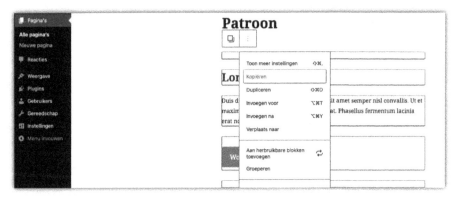

5. **Selecteer** en **Kopieer** m.b.v. **Meer opties** (3 bolletjes) alle blok-elementen. Hiermee is HTML code gekopieerd.
6. Open **block-patterns.php** en verwijder regel 39 tm. 119.

7. Bij `'content'` => regels 36, **selecteer** alles wat tussen **quotes** staat. **Let op! Niet** de **quotes** selecteren.

```
20      // Large Text.
30      register_block_pattern(
31          'twentytwentyone/large-text',
32          array(
33              'title'           => esc_html__( 'Large text', 'twentytwentyone' ),
34              'categories'      => array( 'twentytwentyone' ),
35              'viewportWidth'   => 1440,
36              'content'         => '<!-- wp:heading {"align":"wide","fontSize":"gigantic","style":{"typography":{"lineHe
                   class="alignwide has-text-align-wide has-gigantic-font-size" style="line-height:1.1"> . esc_html__(
                   for WordPress', twent    Look Up "<!-- wp:heading {"align":"wide..."              -->',
          )                                  Zoek met Google
      );
  }                                          Cut
                                             Copy
                                             Paste
                                             Share                        >
```

8. Vervang content m.b.v. je rechtermuisknop en selecteer **Plakken**.

```php
<?php
/**
 * Block Patterns
 *
 * @link https://developer.wordpress.org/reference/functions/register_block_pattern/
 * @link https://developer.wordpress.org/reference/functions/register_block_pattern_category/
 *
 * @package WordPress
 * @subpackage Twenty Twenty One
 * @since Twenty Twenty-One 1.0
 */

/**
 * Register Block Pattern Category.
 */
if ( function_exists( 'register_block_pattern_category' ) ) {

    register_block_pattern_category(
        'twentytwentyone',
        array( 'label' => esc_html__( 'Twenty Twenty-One', 'twentytwentyone' ) )
    );
}

/**
 * Register Block Patterns.
 */
if ( function_exists( 'register_block_pattern' ) ) {

    // Large Text.
    register_block_pattern(
        'twentytwentyone/large-text',
        array(
            'title'           => esc_html__( 'Large text', 'twentytwentyone' ),
            'categories'      => array( 'twentytwentyone' ),
            'viewportWidth'   => 1440,
            'content'         => '<!-- wp:spacer {"height":20} -->
<div style="height:20px" aria-hidden="true" class="wp-block-spacer"></div>
<!-- /wp:spacer -->

<!-- wp:heading {"textAlign":"left","style":{"color":{"text":"#3e5157"}}} -->
<h2 class="has-text-align-left has-text-color" style="color:#3e5157">Lorem ipsum</h2>
<!-- /wp:heading -->

<!-- wp:paragraph -->
<p>Duis dignissim nisi non leo fermentum, sit amet semper nisl convallis. Ut et maximus lorem. Quisque id venenatis erat. Phasellus fermentum
lacinia erat non lobortis.</p>
<!-- /wp:paragraph -->

<!-- wp:buttons -->
<div class="wp-block-buttons"><!-- wp:button {"borderRadius":5,"style":{"color":{"background":"#4c99b7"}}} -->
<div class="wp-block-button"><a class="wp-block-button__link has-background" style="border-radius:5px;background-color:#4c99b7">Wordt lid</a></
div>
<!-- /wp:button --></div>
<!-- /wp:buttons -->

<!-- wp:spacer {"height":20} -->
<div style="height:20px" aria-hidden="true" class="wp-block-spacer"></div>
<!-- /wp:spacer -->',
        )
    );
}
```

Zoals je kunt zien verwijst het bestand nog naar Twenty Twenty-One.

Dit ga je aanpassen: **Twenty_Twenty_One** wordt **Pluk_de_dag**.
Twenty Twenty-One wordt **Pluk de dag - patronen**. **TwentyTwentyO-ne** wordt **Plukdedag**. **Large-text** wordt **Lidmaatschap**. Met de Code-editor "*Zoek en vervang*" gaat het sneller. Daarna bestand opslaan.

Uitleg parameters `register_block_patterns`:

- **title**: Patroontitel.
- **categories**: Patrooncategorieën. Dit wordt gebruikt om blokpatronen te groeperen. Blokpatronen kunnen in meerdere categorieën worden weergegeven.
- **viewportWidth**: Preview-breedte.
- **description**: Patroonbeschrijving.
- **content**: HTML content.

9. Open **functions.php**. Deactiveer alle Core-patronen en plaats een verwijzing naar **inc/block-patterns.php**.

```
31    // Verwijzing naar Block Patterns
32    require get_template_directory() . '/inc/block-patterns.php';
33
34    // Alle Core-Patronen deactiveren
35    remove_theme_support( 'core-block-patterns' );
```

Wil je een tweede blokpatroon toevoegen.

Ga naar **block-patterns.php. Selecteer** en **kopieer** alles tussen:

```
if ( function_exists( 'register_block_pattern' ) ) {
  en...
}
```

Plak daarna de code nog voor het afsluit-teken **}** (accolade sluiten).

Pas de parameters aan met o.a. nieuwe "content".

Ga naar je dashboard en maak een nieuwe pagina aan.

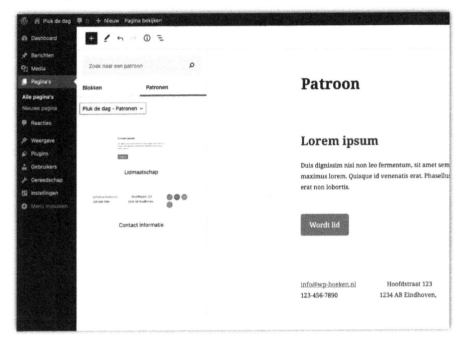

Bekijk je thema **Patronen**.

Meer info: *https://developer.wordpress.org/block-editor/developers/block-api/block-patterns*

THEMA MET CUSTOMIZER

Als je zelf een thema hebt gemaakt, ben jij degene die het thema kan onderhouden en aanpassen. Als je een thema beschikbaar wilt stellen voor andere gebruikers, is het handig dat zij het een en ander vanuit **Dashboard > Weergave > Customizer** kunnen aanpassen.

Een webdesigner bepaalt welke site-onderdelen een gebruiker kan aanpassen.

Als je wilt dat een gebruiker zelf een **logo**, **header**, **achtergrondafbeelding** kan toevoegen of zelfs de **achtergrondkleur** kan veranderen, moet het thema worden aangepast.

Meer informatie: *https://developer.wordpress.org/themes/functionality*.

---

wp-books.com/theme
Theme: **pdd_customizer**

Voorbereiding

Maak een kopie van je laatst gemaakte thema, *plukdedag-sjabloon*.
Geef het de naam **plukdedag-costumize**. Open *style.css* om je *Theme Name* aan te passen. Geef het de naam **Pluk de dag - Customizer**.

```
1   /*
2   Theme Name: Pluk de dag - Customizer
3   Theme URI: https://www.wp-boeken.nl/theme/
4   Description: Pluk de dag basic theme voor WordPress
5   Author: WJAC
6   Author URI: https://www.wp-boeken.nl
7   Version: 1.0
8   Tags: Orange, grey, white, two-columns, responsive
```

Hierdoor is je thema makkelijk te herkennen nadat het is geïnstalleerd.

Inmiddels heb je al drie thema's gemaakt. Om custom functies te maken hebben we o.a het bestand **functions.php** nodig. In dit geval is het handig om directe toegang te hebben tot je WordPress-themabestanden.

Als de site is geïnstalleerd bij een webhost, maak dan verbinding via een FTP-programma. Als WordPress is geïnstalleerd met behulp van een lokale webserver, b.v. LOCAL, dan heb je directe toegang tot de bestanden met behulp van een verkenner. Het aanpassen van de desbetreffende bestanden gaat dan ook iets sneller. Het eindresultaat is zichtbaar in de browser.

We gaan het aanpakken volgens het WordPress-advies. Het advies is om niet te veel code toe te voegen in het bestand **functions.php**. Daarom gaan we vanuit dit bestand verwijzen naar andere bestanden die uitvoerende code bevatten. Hierdoor is de structuur duidelijk en overzichtelijk.

Als je iets wilt aanpassen in de code, hoef je alleen het desbetreffende bestand te wijzigen. Alle custom bestanden worden opgeslagen in een folder met de naam **inc**.

Custom Sitetitel, Ondertitel en Favicon

Je hoeft het thema in dit geval niet aan te passen. Standaard heeft een gebruiker de mogelijkheid om een aantal onderdelen aan te passen met de custom optie **Site-identiteit**; **titel**, **subtitel** en **favicon**.

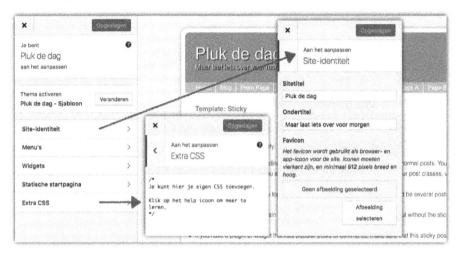

Er is ook de mogelijkheid voor een gebruiker om zelfstandig CSS toe te voegen met behulp van de custom optie **Extra CSS**. In het laatste geval heeft de gebruiker wel kennis van CSS nodig.

Custom Logo

WordPress heeft vanaf versie 4.5 een nieuw onderdeel aan het systeem toegevoegd, namelijk Custom Logo. Met dit onderdeel is het vrij eenvoudig om deze functie te activeren. Om deze optie in je thema op te nemen, volg je de onderstaande stappen:

1. Zorg dat je toegang hebt tot de WordPress-site en thema-bestanden.
2. Maak daarin een nieuw bestand aan met de naam **custom-logo.php**. Hierin wordt de uitvoerende PHP-script opgenomen.
   Alle custom bestanden plaats je in een folder met de naam **inc**.
3. Plaats een custom logo PHP-script in **header.php**.
4. Verwijs vanuit **functions.php** naar het bestand met uitvoerende code.

Informatie: *developer.wordpress.org/themes/functionality/custom-logo/*.

custom-logo.php

Maak een nieuw PHP-bestand aan. Noem dit **custom-logo.php**. Neem de onderstaande code over. Plaats dit bestand in een folder met de naam **inc**.

```php
<?php

/** Custom functie, logo
Plaats in header.php php <? the_custom_logo(); ?>
*/

function pluk_de_dag_custom_logo_setup() {

add_theme_support( 'custom-logo', array(
    'height'      => 120,
    'width'       => 120,
) );

}

add_action( 'after_setup_theme', 'pluk_de_dag_custom_logo_setup' );
```

Een functie is gemaakt onder de naam *pluk_de_dag_custom_logo_setup*.
Met behulp van **add_theme_support - custom logo** weet WordPress dat
deze functie geactiveerd moet worden. Met de parameters **height** en
width bepaal je de aanbevolen hoogte en breedte.

header.php

Plaats de onderstaande PHP-code

```php
<?php the_custom_logo(): ?>
```

net boven de tag **<hgroup>**. In div **site-branding** mag ook, zolang
het maar in de header is opgenomen.

```php
<body <?php body_class(); ?>>
    <div id="page" class="site">
        <!-- header -->
        <header id="masthead" class="site-header" role="banner">
        <!-- custom logo -->
            <?php the_custom_logo(); ?>
            <hgroup>
                <div class="site-branding">
                    <h1 class="site-title"><a href="<?php echo esc_url( home_url( '/' ) ); ?>"
                        bloginfo( 'name' ); ?></a></h1>
                    <h2 class="site-description"><?php bloginfo( 'description' ); ?></h2>
                </div>
            </hgroup>
```

functions.php

Plaats de onderstaande PHP-code helemaal onderaan in de pagina:

```php
// Implement the Custom Logo feature
require get_template_directory() . '/inc/custom-logo.php';
```

```php
// Enable post thumbnails
add_theme_support('post-thumbnails');
set_post_thumbnail_size(520, 250, true);

// Implement the Custom Logo feature
require get_template_directory() . '/inc/custom-logo.php';
```

Dit script verwijst naar **inc/custom-logo.php**.

Ga naar **Dashboard > Weergave > Customizer**. Klik op **Site-identiteit** en klik op **Kies logo**. Selecteer een logo-afbeelding van 120 x 120px.

Deactiveer *Sitetitel en ondertitel tonen*. Klik op **Opslaan & publiceren**.

Het werkt! Het was eigenlijk niet de bedoeling om een logo in dit thema op te nemen. Vandaar dat het dicht tegen de kantlijn staat. Als je het logo beter wilt positioneren, kun je dit doen met CSS.

Custom Titelkleur en Kopafbeelding

Nu ga je het thema uitbreiden met een nieuwe optie waarmee je de titel-kleur kunt veranderen en een kopafbeelding kunt toevoegen. We herhalen het proces maar dan met andere PHP-codes.

1. Maak een nieuw bestand aan met de naam **custom-header.php**. Hierin wordt het uitvoerende PHP-script opgenomen. Alle custom bestanden plaats je in een folder met de naam **inc**.
2. Plaats een custom header PHP-script in **header.php**.
3. Verwijs vanuit **functions.php** naar het bestand met uitvoerende script.

Informatie:

https://developer.wordpress.org/themes/functionality/custom-headers.

custom-header.php

Maak een nieuw bestand aan met de naam **custom-header.php** en plaats de code die te zien is op de volgende pagina. Er zijn twee functies opge-nomen in dit bestand: een custom header en een custom header style functie. Sla het bestand op in de map **inc**.

Het script bevat parameters waarin je de **width** en **height** van de header kunt invoeren, in dit geval is dat **935 X 140px**. De standaard **titelkleur** is wit **'ffffff'**.

Zoals je in het bestand kunt zien, is er ook CSS opgenomen. Dit zijn de bekende <h1> attributen/selectors .site-title die deze kleurstijlen gebruiken. Het eindresultaat wordt gegenereerd als embedded CSS in de browser. Embedded CSS heeft voorrang in het Cascading mechanisme. Hiermee worden de stijlen in style.css overschreven.

```php
<?php
/**
 * Sample implementation of the Custom Header feature.
 *
 * @link https://developer.wordpress.org/themes/functionality/custom-headers/
 *
 * @package Pluk_de_dag
 */
/**
 * Set up the WordPress core custom header feature.
 *
 * @uses pluk_de_dag_header_style()
 */
function pluk_de_dag_custom_header_setup() {
    add_theme_support( 'custom-header', apply_filters( 'pluk_de_dag_custom_header_args', array(
        'default-image'         => '',
        'default-text-color'    => '000000',
        'width'                 => 935,
        'height'                => 140,
        'flex-height'           => true,
        'wp-head-callback'      => 'pluk_de_dag_header_style',
    ) ) );
}
add_action( 'after_setup_theme', 'pluk_de_dag_custom_header_setup' );

if ( ! function_exists( 'pluk_de_dag_header_style' ) ) :
/**
 * Styles the header image and text displayed on the blog.
 *
 * @see pluk_de_dag_custom_header_setup().
 */
function pluk_de_dag_header_style() {
    $header_text_color = get_header_textcolor();

    /*
     * If no custom options for text are set, let's bail.
     * get_header_textcolor() options: Any hex value, 'blank' to hide text. Default: HEADER_TEXTCOL(
     */
    if ( HEADER_TEXTCOLOR === $header_text_color ) {
        return;
    }

    // If we get this far, we have custom styles. Let's do this.
    ?>
    <style type="text/css">
    <?php
        // Has the text been hidden?
        if ( ! display_header_text() ) :
    ?>
        .site-title,
        .site-description {
            position: absolute;
            clip: rect(1px, 1px, 1px, 1px);
        }
    <?php
        // If the user has set a custom color for the text use that.
        else :
    ?>
        .site-title a,
        .site-title a:visited,
        .site-description {
            color: #<?php echo esc_attr( $header_text_color ); ?>;
        }
    <?php endif; ?>
    </style>
    <?php
}
endif;
```

header.php

Open header.php en plaats de onderstaande PHP-code net onder de tag
<header>.

```php
<body <?php body_class(); ?>>
    <div id="page" class="site">
        <!-- header -->
        <header id="masthead" class="site-header" role="banner">
        <!-- custom header image -->
        <?php if ( get_header_image() ) : ?>
        <a href="<?php echo esc_url( home_url( '/' ) ); ?>" rel="home">
            <img src="<?php header_image(); ?>" width="<?php echo esc_attr( get_custom_header()->width ); ?>"
                height="<?php echo esc_attr( get_custom_header()->height ); ?>" alt="" style="position:
                absolute;z-index: 0;">
        </a>
        <?php endif; ?>
        <!-- einde custom header image -->
```

Met dit script krijgt de kopafbeelding een plek in het thema.

functions.php

Plaats de onderstaande PHP-code helemaal onderaan in de pagina.

```php
// Implement the Custom Header feature, header image and title color.
require get_template_directory() . '/inc/custom-header.php';
```

Bestand **opslaan** en afsluiten.

Ga daarna naar **Weergave > Customizer**.

Klik op **Kopafbeelding** en selecteer een afbeelding van 935 X 140px.

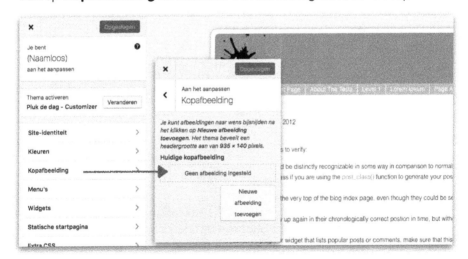

Gelukt! Ook hier was het niet de bedoeling om een kopafbeelding in dit thema op te nemen. Vandaar dat de bovenhoeken niet zijn afgerond en je logo bedekt is. Wil je dit alsnog aanpassen dan kan dit met behulp van CSS.

Titelkleur

Verwijder eerst het logo en de kopafbeelding. Voeg vervolgens de titel en ondertitel opnieuw toe. Klik daarna op de custom optie **Kleuren**.

Bij **headertekstkleur** kies je een kleur. Je ziet deze meteen veranderen in je rechterkolom.

Klik op de knop **Opslaan & publiceren** om de kleur toe te passen.

Custom Background

Nu ga je het thema uitbreiden met een nieuwe custom optie waarmee je de titelkleur mag veranderen en een kopafbeelding mag toevoegen. We herhalen dit proces maar dan met andere PHP-codes.

1. Maak een nieuw bestand **custom-background.php** aan.
   Hierin wordt het uitvoerende PHP-script opgenomen.
   Alle custom bestanden plaats je in een folder met de naam **inc**.
2. Plaats een custom body PHP-script in je **header.php**.
3. Verwijs vanuit **functions.php** naar *custom-background.php*. Meer info: *developer.wordpress.org/themes/functionality/custom-backgrounds/*.

custom-background.php

Maak een nieuw bestand **custom-background.php** aan. Plaats daarin de onderstaande code en sla dit op in de folder **inc**. Het script bevat parameters waarin je de standaard achtergrondkleur of -afbeelding kan invoeren.

```php
<?php

function pluk_de_dag_setup() {

// Set up the WordPress core custom background feature.
// In header.php <body class="custom-background">

add_theme_support( 'custom-background', apply_filters( 'theme_custom_background_args', array(
    'default-color' => 'EDF5F7',
    'default-image' => '',
) ) );

}

add_action( 'after_setup_theme', 'pluk_de_dag_setup' );
```

header.php

In **header.php** is de body tag voorzien van PHP-code die de class "custom-background" genereert.

```php
<body <?php body_class(); ?>>
```

94

functions.php

Plaats de onderstaande PHP-code in **functions.php** helemaal onderaan in de pagina. Daarna mag je dit bestand **opslaan** en **afsluiten.**

```
// Implement the Custom Background feature.
require get_template_directory() . '/inc/custom-background.php';
```

Ga daarna naar **Dashboard > Weergave > Customizer**. Klik op **Achtergrondafbeelding.**

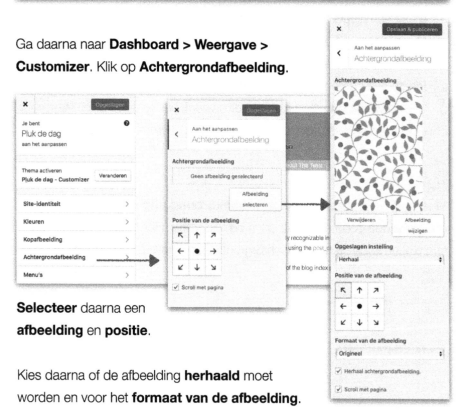

Selecteer daarna een afbeelding en **positie.**

Kies daarna of de afbeelding **herhaald** moet worden en voor het **formaat van de afbeelding**.

Klik daarna op **Opslaan & publiceren**.
Klik op de refresh knop van de browser voor het resultaat.

In dit geval is er gekozen voor een patroon-afbeelding. Een kleine afbeelding kan hiermee een achtergrond vullen.

Hierdoor wordt een webpagina sneller ingeladen dan een pagina met een grote afbeelding.

Achtergrondkleur

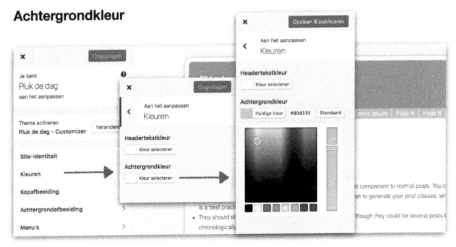

Om van achtergrondkleur te veranderen klik op **Kleuren**.

Selecteer een **achtergrondkleur**. Klik daarna op **Opslaan & publiceren**.

Klik op de refresh knop van de browser voor het resultaat.

Een gebruiker kan met de **Standaardknop** terug naar de originele kleur.

Zelf maken custom functie

We gaan nu jouw thema uitbreiden met een nieuwe custom optie waarmee je zelf aangeeft welke onderdelen een gebruiker mag wijzigen. In dit geval gaat het om de header- en footer-achtergrondkleur.

1. Maak een bestand aan met de naam **custom-headerfooter.php**. Plaats dit in de folder **inc**.
2. Verwijs vanuit **functions.php** naar het bestand met uitvoerende script.

Informatie: *https://codex.wordpress.org/Theme_Customization_API*.

custom-headerfooter.php

Maak een nieuw bestand aan met de naam **custom-headerfooter.php**. Plaats daarin de onderstaande code en sla dit op in de folder **inc**.

```php
<?php
// Customize Appearance Options
function plukdedag_customize_register( $wp_customize ) {

// Setting
    $wp_customize->add_setting('pdd_hf_color', array(
        'default' => '#fc7a00',
        'transport' => 'refresh',
    ));

// Section
    $wp_customize->add_section('pdd_standard_colors', array(
        'title' => __('Header en Footer Kleuren', 'plukdedag'),
        'priority' => 30,
    ));

// Controls
    $wp_customize->add_control( new WP_Customize_Color_Control( $wp_customize, 'pdd_hf_color_control', array(
        'label' => __('Header-Footer Kleur', 'plukdedag'),
        'section' => 'pdd_standard_colors',
        'settings' => 'pdd_hf_color',
    ) ) );

}

add_action('customize_register', 'plukdedag_customize_register');

// Output Customize CSS
function plukdedag_customize_css() { ?>

    <style type="text/css">

        .site-header,
        .site-footer
        {
            background-color: <?php echo get_theme_mod('pdd_hf_color'); ?>;
        }

    </style>

<?php }

add_action('wp_head', 'plukdedag_customize_css');
```

Het script heeft een nieuwe functie bestaande uit een *Setting*, *Section* en *Controls* gedeelte met daarin parameters waarin de naam van de titel en een standaard achtergrondkleur kan worden ingevoerd.

Net zoals *custom-header.php* is er ook CSS opgenomen in dit bestand. Dit zijn de bekende `<header>` en `<footer>` attributen/selectors die de kleur-stijl gebruikt.

functions.php

Plaats de onderstaande PHP-code in **functions.php** helemaal onderaan in de pagina. Daarna het bestand **opslaan** en **afsluiten**.

```php
// Customizer additions.
require get_template_directory() . '/inc/custom-headerfooter.php';
```

Ga daarna naar **Dashboard > Weergave > Customizer**.
Klik op **Header en Footer Kleuren**.

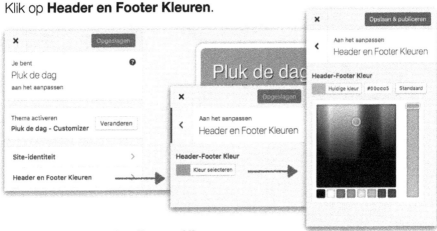

Selecteer een **Header-Footer Kleur**.
Klik daarna op **Opslaan & publiceren**.
Een gebruiker kan met de **Standaardknop** terug naar de originele kleur.

HET WIEL OPNIEUW UITVINDEN?

Je weet inmiddels welke stappen je moet ondernemen om een WordPress-thema te maken. Een basis-thema is meer dan genoeg wanneer je een website en thema zelf onderhoudt. Om thema's te maken voor een grote groep WordPress-gebruikers, is het beter om een geoptimaliseerd thema te maken en te voorzien van een customizer.

Een thema maken kan elke keer opnieuw, maar het is ook mogelijk om een standaard geoptimaliseerd thema hiervoor te gebruiken. Met de huidige kennis kan zelfs een bestaand thema hergebruikt worden.

Wil je een thema maken voor een groot publiek en voorzien van alle gangbare bestanden, dan kan je gebruik maken van een **starter theme**.

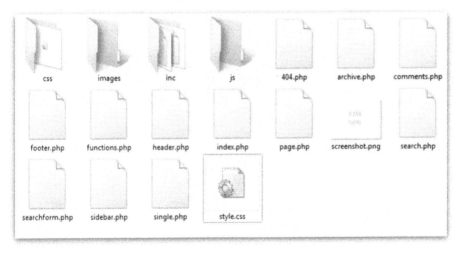

In het volgende hoofdstuk wordt uitgelegd wat een starter theme is.

STARTER THEME

Een Starter Theme is een thema met basisopmaak of zelfs geen opmaak.
Dit thema bestaat alleen uit de noodzakelijke basisbestanden. Het doel van
een Starter Theme is dat een webdesigner/developer zijn eigen stijl en
functionaliteit kan toevoegen zonder zich bezig te houden met het bouwen
van een thema-structuur. Een Starter Theme is geen Child Theme of een
Theme Framework. Een Theme Framework is een thema waarmee een
gebruiker zelf de lay-out van het thema kan bepalen nadat het thema is
geïnstalleerd.

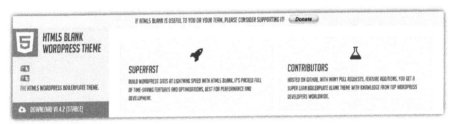

Er zijn verschillende Starter Themes beschikbaar, zoals HTML5, Bootstrap,
Foundation, Mobile-first, Responsive Starter Themes en zelfs een Starter
Theme met Drag and Drop opties.

Als je wilt weten welke Starter Themes er beschikbaar zijn, kun je googlen
op 'Best WordPress Starter Themes'.

Underscores (_S) is één van de meest populaire WordPress starter
themes. Het is gemaakt en wordt onderhouden door *Automattic*, het bedrijf
achter o.a. *wordpress.org*, *wordpress.com* en WooCommerce.

---

wp-books.com/theme
Theme: **pdd_underscores**

Underscores

Underscores is een minimalistische HTML5 en CSS starter theme.
Webdesigners/developers kunnen hiermee volgens de standaard richtlijnen
WordPress thema's maken. Ga naar **http://underscores.me**.

Klik op **Advanced Options** onder *Theme Name*.
Dit is te zien onder het tekstveld. Je krijgt daarna meer
velden te zien. Typ in de tekstvelden de naam van je
thema, **plukdedag_underscores**. In de ander velden
je *theme slug* (**plukdedag_underscores**), *auteur*,
URL en *beschrijving*. De naam van je thema wordt
opgenomen in diverse underscores-site-bestanden.

Klik daarna op de knop **GENERATE**. Hiermee
download je het thema. Het thema is te vinden in de
folder **Downloads**. Zoals je kan zien is het een standaard geoptimaliseerd WordPress Thema.

Folder-naam is **plukdedag_underscores**.

Open het bestand **style.css** en pas de naam van het thema aan.

```
/*!
Theme Name: plukdedag - underscores
Theme URI: http://underscores.me/
Author: WJAC
Author URI: http://wp-boeken.nl
Description: Een theme voor WordPress
Version: 1.0.0
Tested up to: 5.4
Requires PHP: 5.6
License: GNU General Public License v2 or later
License URI: LICENSE
Text Domain: plukdedag_underscores
Tags: custom-background, custom-logo, custom-menu, featured-images,
  threaded-comments, translation-ready
```

Geef het de naam *Plukdedag - Underscores*. Hierdoor is het thema sneller te herkennen.

(Het hernoemen van een Underscores folder en theme-naam is niet aan te bevelen. In dit geval doen we dit omdat er inmiddels al vijf *Plukdedag* thema's zijn.)

Zoals in het bestand *style.css* te zien is, is er sprake van een basis opmaak.

In de folder *plukdedag_underscores* vervang je **screenshot.png** met een screenshot.png van één van de vorige *pluk de dag* thema's.

De folder *plukdedag_underscores* ga je vervolgens **Zippen**.
Met dit Zip bestand kan je het nieuwe thema installeren.

Een Underscores thema is ook geschikt voor WooCommerce.
Het was oorspronkelijk de basis voor het webshop thema Storefront.

Thema installeren en activeren

We gaan het thema *Pluk de dag - Underscores* **installeren** en **activeren**.

We kijken hoe dit thema met basis opmaak er uit ziet. **Bekijk de site**.

Zoals je ziet is er sprake van een standaard opmaak.

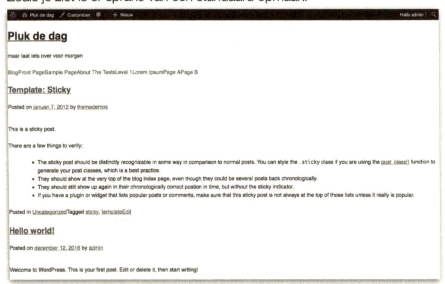

De navigatie staat horizontaal, kopteksten worden groot weergegeven.

Koppelingen, teksten en lijsten worden standaard weergegeven.

CSS en Functies aanpassen

In het begin van dit boek hebben we geleerd dat wanneer je een HTML-ontwerp gaat maken (zie hoofdstuk *HTML ontwerp*), de HTML-tags moeten beschikken over de de HTML-tags moeten beschikken over de juiste **id's**, **classes**, en **roles** attributen.

De attribuut-namen en -waarden in het ontwerp worden vaak toegepast in bestaande WordPress-thema's. Vooral de **class**-attributen worden gebruikt voor de styling.

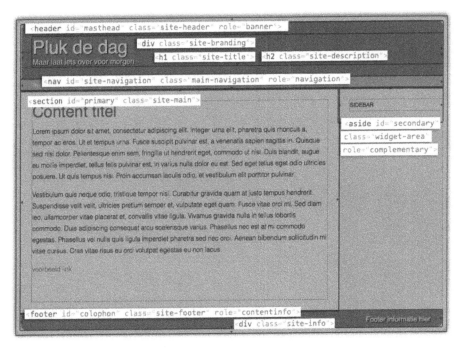

Ook Starter Theme Underscores maakt gebruik van dezelfde attributen.

Dit betekent dat je de stijl van het vorige *Pluk de Dag*-thema kan gebruiken binnen dit thema. Het vervangen van style.css (nadat de thema-informatie is aangepast) is mogelijk.

Aangezien er in de huidige style.css een aantal basis stijlregels zijn opgenomen, is het handig om hiervan gebruik te maken. Het is dus beter om de twee stijl-sheets te combineren.

Open style.css van **plukdedag_underscores**. Om dit bestand te bewerken heb je toegang nodig tot dit bestand. Dit kan met een FTP-programma. Werk je met een webserver zoals LOCAL of MAMP, dan heb je directe toegang tot het stylesheet.

Menu stijlen uitschakelen.

Omdat we onze eigen menu-navigatiestijlen willen gebruiken, is het beter om de huidige navigatiestijlen te verwijderen. Selecteer alle navigatie stijlen vanaf commentaar **/* Navigation** tot **/* Posts and pages**, regel 650 t.m. 742. **Verwijder** alle menu-stijlregels.

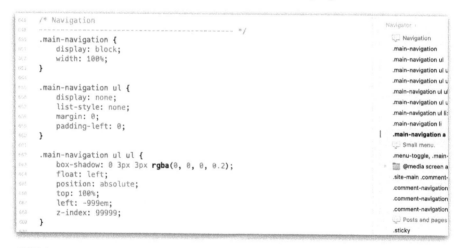

CSS toevoegen

Open style.css van de vorige thema **Pluk de dag - Costumizer**.

Kopieer alle stijlregels behalve regel 1 t/m 14, thema informatie wordt niet gekopieerd.

Bovenaan in de stylesheet van **plukdedag_underscores** plaats je na thema informatie nieuw commentaar: /* Pluk de dag - style */. Plak daaronder de gekopieerde stijlregels.

```
/* Pluk de dag style
------------------------------------------------- */
@charset "UTF-8";

* {
    margin: 0;
    padding: 0;
}
html {
    height: 100%;
}
body {
    padding: 30px 0 0 0;
    font-family: 'Helvetica', Arial;
    color: #3D5159;
    font-size: 14px;
    line-height: 24px;
    background-color: #EDF5F7;
}
#page {
    position: relative;
    max-width: 935px;
    margin: 0 auto;
```

Navigator >
- Pluk de dag style
- html
- body
- #page
- .site-header
- Titel en subtitel
- .site-branding
- .site-title
- .site-title a, .site-
- .site-description
- hoofdmenu css
- .main-navigation
- .main-navigation ul
- .main-navigation li
- .main-navigation li a
- .main-navigation li a:hove
- submenu css
- .main-navigation ul ul
- .main-navigation li:hove

! Let op, class .widgettitle wordt .widget-title.

```
.widget-title {
    font: 13px 'Helvetica', Arial;
    color: #3e5157;
    margin: 6px 0 0 0;
}
```

Sla het bestand op. Bekijk de website. Zoals je ziet is het ontwerp opgenomen in het starter theme *Plukdedag - Underscores*.

Customizer in Starter Theme

Het doel van een starter theme is dat ontwerpers deze gebruiken om het uit te bouwen tot een volwaardig thema dat daarna aangeboden kan worden aan gebruikers of klanten. Standaard customizers zijn al aanwezig.

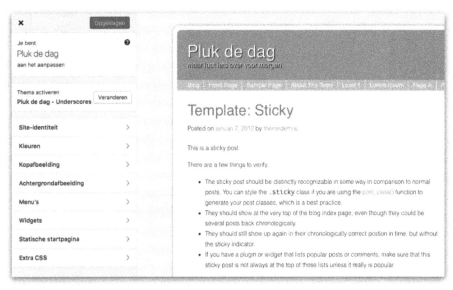

In verband met een eigen ontwerp zijn er een aantal aangepaste onderdelen die je moet aanpassen, zoals de standaard titel- en achtergrondkleur. De standaard header-tekstkleur is in dit geval direct te vinden in het bestand **custom-header.php** (in **inc**). Je weet inmiddels in welke bestanden je dit kunt vinden (hoofdstuk *Thema Met Customizer*).

```
function pluk_de_dag_custom_header_setup() {
    add_theme_support( 'custom-header',
      apply_filters( 'pluk_de_dag_custom_header_args', array(
        'default-image'        => '',
        'default-text-color'   => 'ffffff',
        'width'                => 1000,
        'height'               => 250,
        'flex-height'          => true,
        'wp-head-callback'     => 'pluk_de_dag_header_style',
    ) ) );
}
```

De custom-achtergrondkleur is direct te vinden in **functions.php**.

```
// Set up the WordPress core custom background feature.
add_theme_support( 'custom-background', apply_filters( 'pluk_de_dag_custom_background_args', array(
    'default-color' => 'EDF5F7',
    'default-image' => '',
) ) );
```

Functies zijn niet altijd te vinden in een eigen bestand zoals b.v. *custom-background.php*. In dit geval is het direct te vinden in *functions.php*.
Je mag natuurlijk deze functie plaatsen in een eigen bestand.
Vanuit functions.php verwijs je naar dit bestand.

Er is een standaard Kopafbeelding customizer aanwezig. Wil je dit onderdeel niet in een thema dan zou je dit moeten verwijderen. Dit kan door in *custom-header.php* een stukje code toe te voegen.

Open **custom-header.php.** Plaats de onderstaande codes onderaan in het bestand. Activeer een functie door het commentaar **//** uit te zetten.

```
add_action( "customize_register", "pluk_de_dag_theme_customize_register" );
function pluk_de_dag_theme_customize_register( $wp_customize ) {

    //===============================================================
    // Remove header image and widgets option from theme customizer
    //===============================================================
    $wp_customize->remove_control("header_image");
    //$wp_customize->remove_panel("widgets");

    //===============================================================
    // Remove Colors, Background image, and Static front page
    // option from theme customizer
    //===============================================================
    //$wp_customize->remove_section("colors");
    //$wp_customize->remove_section("background_image");
    //$wp_customize->remove_section("static_front_page");

}
```

In dit geval is de `remove control` van `header_image` geactiveerd.
Dit onderdeel is daarna niet meer zichtbaar in de customizer.

Wil je een nieuwe customizer in een thema, maak dan eerst een functie in *custom-functienaam.php* en sla dit op in de folder **inc**.

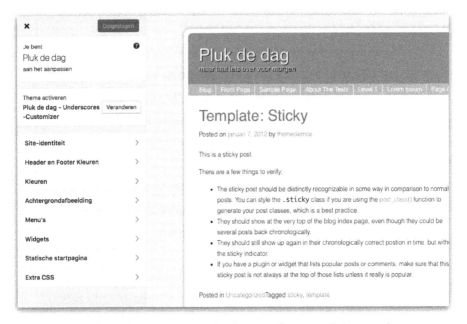

Plaats vanuit **function.php** de code dat verwijst naar dit bestand.
Zie hoofdstuk *Custom functie zelf maken*.

Je weet inmiddels hoe je een thema kan voorzien van customizers.
Probeer het eens zelf.

Op het onderstaande adres vind je de aangepaste underscores theme.

wp-books.com/theme
Bestand: **pdd_underscores_customizer**

CHILD THEME

Je hebt verschillende basis-thema's gemaakt. Een basis thema kan gebruikt worden om nieuwe thema's mee te maken. Het wordt dan als *Parent Theme* gebruikt. Een Child Theme gebruikt een Parent Theme als blauwdruk voor zijn eigen thema. Door stijlen en functies aan te passen kan een Child Theme er anders uitzien en zelfs andere functies bevatten.

In dit hoofdstuk gaan we een Child Theme maken van het thema *plukdedag-underscores*. Met dit Child Theme wordt het mogelijk gemaakt om een Logo en Header-afbeelding op te nemen in het thema. Dit is niet mogelijk in het Parent Theme. Daarnaast passen we de informatie in de footer aan. Het voordeel van een Child Theme is dat het veilig is gesteld voor toekomstige updates.

Om een Child Theme te maken heb je toegang nodig tot de site bestanden. Dit kan met een FTP programma of met een verkenner als je werkt met een local server. Uiteraard is je Parent Theme *plukdedag-underscores* geïnstalleerd.

> **wp-books.com/theme**
> Theme: **pdd_childtheme**

Child theme maken

Ga naar **wp-content > themes** en maak een **nieuwe folder** aan met de naam **plukdedag_underscores_child**.

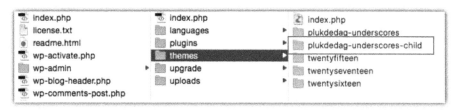

Tip: Onthoud hoe het basis thema heet in de folder **themes**. De naam van het thema is in het dashboard **Pluk de dag - underscores**. In de folder **themes** is dit **plukdedag_underscores**, dus zonder hoofdletter en spatie.

Het Child Theme bestaat uit vier bestanden:

- style.css
- functions.php
- header.php
- footer.php

functions.php

Het eerste onderdeel van een Child Theme is **functions.php**.
De eerste regel begint met een PHP start tag. Daarna gevolgd door *wp_enqueue_scripts* en *theme_ enqueue_styles*.

```php
<?php
// this replaces the old method of @import a style sheet.

add_action( 'wp_enqueue_scripts', 'theme_enqueue_styles' );
function theme_enqueue_styles() {
    wp_enqueue_style( 'parent-style', get_template_directory_uri() . '/style.css' );
    wp_enqueue_style( 'child-style', get_stylesheet_uri(), array( 'parent-style' ) );
}
```

Hiermee wordt de stijl-eigenschap van het originele thema overgenomen. Daarna wordt de child-style ingelezen en toegepast.

Daaronder ga je twee nieuwe functies toevoegen. Hiermee worden de customizers voor je Logo en Headerafbeelding toegevoegd aan het nieuwe (child)theme.

```php
<?php

// this replaces the old method of @import a style sheet.

add_action( 'wp_enqueue_scripts', 'theme_enqueue_styles' );
function theme_enqueue_styles() {
    wp_enqueue_style( 'parent-style', get_template_directory_uri() . '/style.css' );
    wp_enqueue_style( 'child-style', get_stylesheet_uri(), array( 'parent-style' ) );
}

/**
 * Implement the Custom logo feature.
 */
function pluk_de_dag_custom_logo_setup() {

add_theme_support( 'custom-logo', array(
    'height'        => 120,
    'width'         => 120,
) );


}
add_action( 'after_setup_theme', 'pluk_de_dag_custom_logo_setup' );

/**
 * Implement the Custom header feature.
 */
function pluk_de_dag_custom_header2_setup() {
    add_theme_support( 'custom-header', apply_filters( 'pluk_de_dag_custom_header_args', array(
        'default-image'         => '',
        'default-text-color'    => '000000',
        'width'                 => 915,
        'height'                => 140,
        'flex-height'           => true,
        'wp-head-callback'      => 'pluk_de_dag_header_style',
    ) ) );
}
add_action( 'after_setup_theme', 'pluk_de_dag_custom_header2_setup' );
```

Deze code is inmiddels bekend (zie hoofdstuk THEMA MET CUSTOMIZER)
In plaats dat er verwezen wordt naar de custom bestanden in de folder **inc**
wordt deze code direct opgenomen in **functions.php**.

Omdat het Parent Theme een header custom functie bevat, maar met
andere instellingen, is hier een nieuwe functie aangemaakt met de naam
`pluk_de_dag_custom_header2_setup()`. De aanbevolen afmeting
van 915x140 is hierin opgenomen.

116

PHP-bestanden

Omdat er in de header en footer een wijziging wordt aangebracht moeten twee thema bestanden vanuit het Parent Theme naar je Child Theme worden gedupliceerd. Nadat je dit hebt gedaan open je beide bestanden en pas dit aan.

header.php

```html
<header id="masthead" class="site-header" role="banner">
  <!-- custom logo -->
<div class="logobox">
    <?php the_custom_logo(); ?>
    </div>
  <!-- custom header image -->
<div class="kopafbeeldingbox">
<?php if ( get_header_image() ) : ?>
  <a href="<?php echo esc_url( home_url( '/' ) ); ?>" rel="home">
    <img src="<?php header_image(); ?>" width="<?php echo esc_attr( get_custom_header()->width ); ?>" height="<?php echo
      esc_attr( get_custom_header()->height ); ?>" alt="" style="-moz-border-radius: 10px 10px 0 0; -webkit-border-radius: 10px 10px 0 0;
      border-radius: 10px 10px 0 0;">
  </a>
  <?php endif; ?>
  </div>
```

In deze code zijn de `the_custom_logo()` en `get_header_image()` scripts opgenomen in het element **<header>**. Beiden worden omvat door een div-tag met de class *logobox* en *kopafbeeldingbox*.

footer.php

De footer-tekst is aangepast. Het woord *child* is hieraan toegevoegd.

```php
<?php
/**
 * The template for displaying the footer
 *
 * Contains the closing of the #content div and all content after.
 *
 * @link https://developer.wordpress.org/themes/basics/template-files/#template-partials
 *
 * @package Pluk_de_dag
 */

?>

    </div><!-- #content -->

    <footer id="colophon" class="site-footer" role="contentinfo">
      <div class="site-info">
        <a href="<?php echo esc_url( __( 'https://wordpress.org/', 'pluk-de-dag' ) ); ?>">Pluk de dag child</a>
        <span class="sep"> | </span>
        <?php printf( esc_html__( 'Theme: %1$s by %2$s', 'pluk-de-dag' ), 'pluk-de-dag-child', '<a href="https://automattic.com/"
          rel="designer">WJAC </a>' ); ?>
      </div><!-- .site-info -->
    </footer><!-- #colophon -->
</div><!-- #page -->

<?php wp_footer(); ?>

</body>
</html>
```

CSS-bestand

In het CSS bestand zijn de nieuwe eigenschappen opgenomen.

De stylesheet moet beginnen met een header code.

Bij: Theme Name: Plukdedag - Underscores - Child

Template: plukdedag_underscores

```
/*
 Theme Name: Pluk de dag - Underscores - Child
 Theme URI: http://underscores.me/
 Author: WJAC
 Author URI: http://wp-boeken.nl
 Template: plukdedag_underscores
 Description: Een theme voor WordPress
 Version: 1.0.0
 License: GNU General Public License v2 or later
 License URI: LICENSE
 Text Domain: pluk-de-dag
 Tags:

 This theme, like WordPress, is licensed under the GPL.
 Use it to make something cool, have fun, and share what you've learned with others.

 Pluk de dag is based on Underscores http://underscores.me/, (C) 2012-2016 Automattic, Inc.
 Underscores is distributed under the terms of the GNU GPL v2 or later.

 Normalizing styles have been helped along thanks to the fine work of
 Nicolas Gallagher and Jonathan Neal http://necolas.github.io/normalize.css/
*/
```

Hierin staat dat het thema een Child Theme is en dat de originele template
plukdedag_underscores is.

Daaronder zie je extra CSS aanpassingen. Dit is niet veel. Er is wat opmaak
bijgekomen in verband met het logo en de kopafbeelding.

Diverse div-boxen hebben d.m.v. een class verschillende hoogtes in de
z-index gekregen. De header en footer achtergrond hebben een andere
kleur gekregen.

```css
.kopafbeeldingbox{
    position: absolute;
    max-width: 915px;
    z-index: 1;
}

.logobox{
    position: absolute;
    left: 15px;
    z-index: 2;
}

.site-header {
    background-color: #4c99b6;
}

.site-footer {
    background-color: #4c99b6;
}

.main-navigation {
    z-index: 3;
}

@media only screen and (max-width: 640px) {

    .site-header {
        background-color: #4c99b6;
    }
    .kopafbeeldingbox {
        display: none;
    }

}
```

Mediaquery zorgt ervoor dat de class `.kopafbeeldingbox` niet wordt vertoond vanaf een breedte van 640 pixels. **Activeer** je Child Theme.

Ga naar **Dashboard > weergave > Customizer**

Geef je thema een logo en kopafbeelding.

Bij Logo **deactiveer** - **Sitetitel en ondertitel tonen**. De titel wordt niet meer weergegeven. Selecteer een kopafbeelding. Bekijk de site.

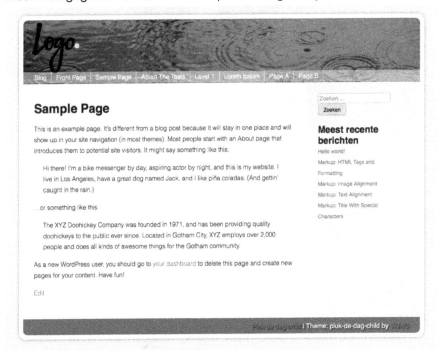

GUTENBERG READY

Als je wilt dat een thema wordt opgenomen in de WordPress thema directory (zie hoofdstuk THEME IN WORDPRESS.ORG) dan is het handig om je thema "Gutenberg ready" te maken. Wordpress 5.0 gebruikt een nieuwe editor met de naam Gutenberg. Vanuit de editor werk je met blokken. Dit zijn onderdelen zoals o.a. een paragraaf, kop, lijst, quotes etc. De blok-editor werkt in alle thema's. Wil je dat core blok-elementen aansluiten op de stijl van je thema dan kan je dit aanpassen.

Als je er zeker van wilt zijn dat de standaard blokstijlen in het thema zijn opgenomen, voeg dan de onderstaande code toe aan functions.php:

```
// standaard Gutenberg-blokstijlen.
add_theme_support( 'wp-block-styles' );
// embedded blok-elementen worden responsive.
add_theme_support( 'responsive-embeds' );
```

Om te zien of het thema "Gutenberg ready" is kun je het volgende doen. Voeg TEKST blokken toe aan een nieuwe pagina en bekijk de site. Gebruik het thema *Pluk de dag - Underscores - Child* om hiermee te oefenen. Nadat alle blokken zijn toegevoegd, wordt duidelijk welke blokken extra opmaak nodig hebben. Als voorbeeld gaan we het quote blok aanpassen.

Op de volgende pagina zie je een standaard quote.
Als je dit blok wilt laten aansluiten op het thema, is extra CSS nodig.

---

wp-books.com/theme
Theme: **pdd_childtheme_gutenberg**

122

> Duis fringilla nec ex ac tempor. Curabitur varius mi et iaculis dignissim. Nullam consectetur purus eget nulla commodo rhoncus vitae id ligula. Donec imperdiet ligula tempor, efficitur risus at, varius arcu. Ut vitae bibendum lorem, non interdum dui.
>
> Puk de dag

Tip: Zorg dat je weet wat je wilt maken. Bekijk verschillende CSS-quotes voordat je aan de slag gaat. In dit geval gaan we het blok voorzien van een achtergrondkleur, het streepje links krijgt ook een kleur en we voegen een "quote" teken toe.

Blok Fine-tunen

Om een blok te fine-tunen kun je de *class-selector* **.wp-block-*naam*** gebruiken. Je kunt de class van een blok achterhalen met behulp van je browser. Ga naar je website en klik met je rechtermuisknop op het blok. De

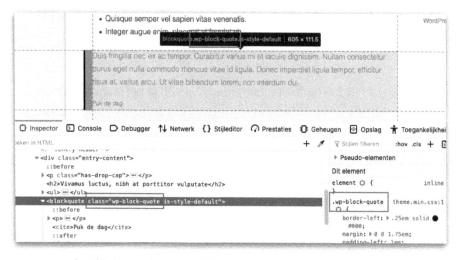

naam van het blok wordt dan zichtbaar, bijvoorbeeld **.wp-block-quote**.

Open **style.css** en voeg de volgende CCS code toe.

Zoals je kunt zien is een STANDAARD en LARGE stijl gemaakt. Dit is gedaan omdat de editor dit als blok-optie aanbiedt.

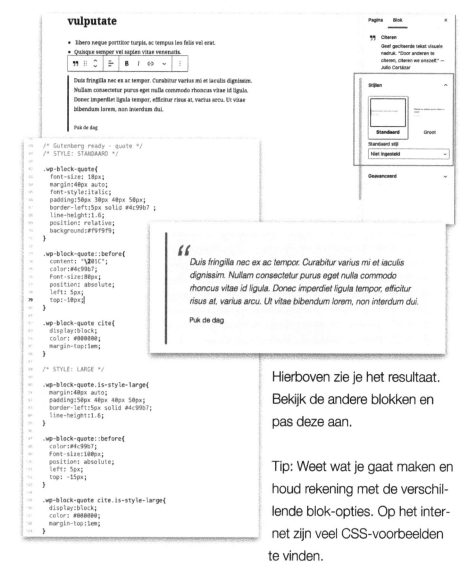

Hierboven zie je het resultaat. Bekijk de andere blokken en pas deze aan.

Tip: Weet wat je gaat maken en houd rekening met de verschillende blok-opties. Op het internet zijn veel CSS-voorbeelden te vinden.

Om enkele blokken responsive te maken is er extra CSS-code toegevoegd (zie style.css van *Childtheme - Underscores - Gutenberg*).

HERBRUIKBAAR BLOK

Met behulp van de blok-editor Gutenberg kan een gebruiker vooraf gedefi-
nieerde blokken maken en toevoegen aan Berichten of Pagina's. Dit zijn
geen patronen en geen onderdeel van een thema. Deze blokken zijn daarna te vinden onder de tab **Blok toevoegen** - **Patronen**.

Template maken

Ga naar **Dashboard > Pagina's > Nieuwe Pagina**. Voeg een aantal blokken toe aan je pagina. Bijvoorbeeld een paragraaf met een achtergrondkleur en een rechts uitgelijnde afbeelding. Met behulp van de **shift toets**
selecteer je beide blokken. Ga daarna naar **blok-instellingen** (3 bolletjes)
en kies voor de optie: **Patroon aanmaken**.

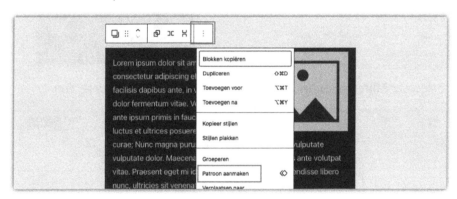

Geef je herbruikbaar blok een naam, bijvoorbeeld **Patroon 1**.

Klik daarna op de knop **Opslaan**. Deactiveer **Gesynchroniseerd**.

Patroon Toepassen

Ga naar **Dashboard > Pagina's > Nieuwe Pagina**. Geef de nieuwe pagina een titel. Ga naar het **+ plus icoon** en klik op de tab **Patronen**.

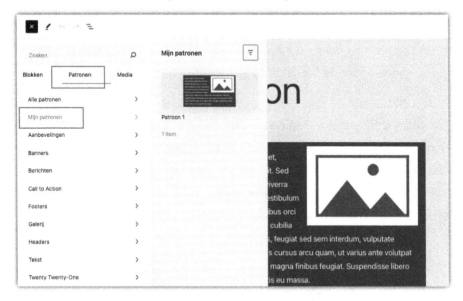

Selecteer **Mijn patronen > Patroon 1**, een preview is rechts te zien.

Patroon 1 wordt toegevoegd. Klik daarna op de knop **Publiceren**.

Als je meer Patronen hebt, kan een gebruiker dit proces herhalen. De opmaak (stijl) van ingevoegde herbruikbare blokken is verbonden aan het thema. Dit betekent dat wanneer je van thema verandert, de huisstijl kan veranderen. Tip: gebruik aangepaste kleuren in plaats van thema-kleuren.

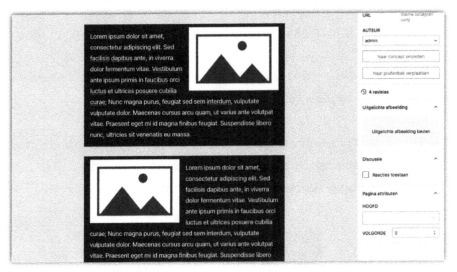

Selecteer daarna een blok b.v. een afbeelding en klik op **Vervangen**. Kies daarna voor één van de optie's **Open mediabibliotheek** of **Uploaden.**

Selecteer tekst in je paragraaf en vervang deze.

Patronen en Mijn patronen.

Patronen en *Mijn patronen* zijn bijna hetzelfde. Wat is het verschil?

Een patroon is een onderdeel van het actieve thema. Na het veranderen van een thema beschik je over andere patronen. Custom patronen (*Mijn patronen)* kun je in alle actieve thema's gebruiken. Als je een site maakt voor een klant, is het handig om Custom patronen aan te maken.

Wil je een veelvoorkomend blok op verschillende delen van je website, dan kun je hiervoor een Gesynchroniseerd patroon maken.

Tip! Wil je een **Gesynchroniseerd patroon** bewerken zonder dat gesynchroniseerde patronen op andere pagina's meeveranderen, dan kan dit met de optie **Patroon loskoppelen**, zie **Top toolbar > Opties** (3 puntjes).

Het blok wordt hiermee omgezet naar een standaard blok.

Als je een WordPress-thema wilt maken met bijbehorende patronen of patronen wilt toevoegen aan een bestaand thema, lees dan het boek *WordPress - Gutenberg* of *WordPress - Blok Thema*.

Advies

Een herbruikbaar blok of content-template is opmaak binnen in de tekstverwerker.

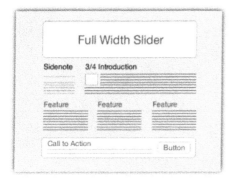
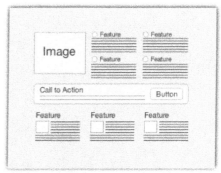

Het is geen pagina sjabloon/template die je
kunt selecteren vanuit Pagina instellingen.

Een aantal opmaak tips om toe te passen:

- Gebruik een eenvoudige structuur en maak het niet te moeilijk.
- Let op spatiëring, paragrafen en verdeel tekst in leesbare blokken.
- Gebruik verschillende templates. Pagina's worden hierdoor
  divers en interessant.
- Maak gebruiksvriendelijke templates. Geef aan wat voor content
  wordt verwacht. Gebruik **Lorem ipsum** tekst en **Placeholders**.
- Gebruik geen tabellen als layout-grid maar b.v. multiple columns.
- Probeer templates te verbeteren.

CONTENT PLUGINS

Een thema bepaalt de site-layout van een website, inclusief de stijl en indeling, en kan door gebruikers niet worden veranderd. Gebruikers kunnen
kiezen voor een bepaalde indeling met behulp van **Pagina-atributen** -
Template, b.v. een pagina in volledige breedte of een standaard-template.

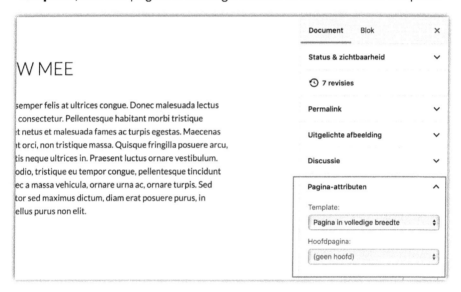

Als het gaat om content, dan is de aangegeven locatie een box met een
sidebar of *volledige breedte*. Met behulp van een tekstverwerker kan een
gebruiker content plaatsen, waarbij de tekstverwerker alleen de noodzakelijke tools bevat. Dit is gedaan om ervoor te zorgen dat de gebruiker zich
alleen bezighoudt met de inhoud en niet met de vormgeving.

Een gebruiker kan alleen koppen, paragrafen, koppelingen en afbeeldingen
plaatsen. Als je dit op elke pagina doet, kan het saai worden. Om lezers
beter te bedienen, moeten gebruikers meer variatie kunnen toepassen.
Content is immers meer dan alleen tekst.

In de aangegeven content-box is het mogelijk om te zorgen voor een gevarieerde indeling, onder andere door gebruik te maken van content-gerichte plugins, zoals:

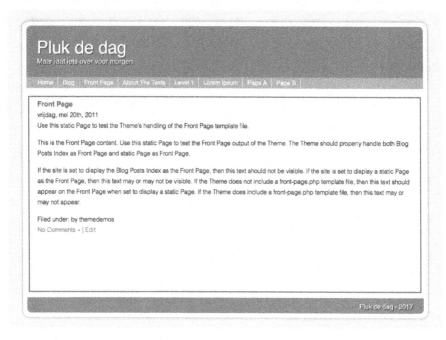

▸ Tekstverwerker uitbreiden

▸ Grafieken

▸ Iconen

▸ Tabellen

▸ Google fonts

▸ Custom Post Types

▸ Advanced Custom Fields

In de volgende hoofdstukken worden enkele praktische content-gerichte plugins besproken. Wanneer je plugins opneemt in een thema, is het aan te bevelen om duidelijke instructies mee te leveren.

Het maken van een gebruiksaanwijzing is dan ook een belangrijk onderdeel van een thema.

Tekstverwerker uitbreiden

Met behulp van de plugin **Spectra – WordPress Gutenberg Blocks** wordt de tekstverwerker uitgebreid met extra blok-elementen. De toevoeging bestaat o.a. uit een info, prijslijst, call to action, timeline, testimonials, iconen, een Google Maps-blok en nog veel meer. De diverse blokken beschikken over verschillende instellingen.

Installeren

1. Ga naar **Dashboard > Plugins > Nieuwe plugin**.
2. Typ in het zoekveld *Spectra – WordPress Gutenberg Blocks*.
3. **Installeer** en **Activeer** de plugin.

Na activatie krijg je een nieuw scherm te zien.

Vanuit het scherm **Dashboard > instellingen > SPECTRA** heb je de mogelijkheid om alle of individuele SPECTRA blokken te deactiveren.

Maak een nieuwe pagina aan. Nadat je op het ➕ icoon hebt geklikt, krijg je een nieuwe blokken te zien. Scroll naar **SPECTRA**.

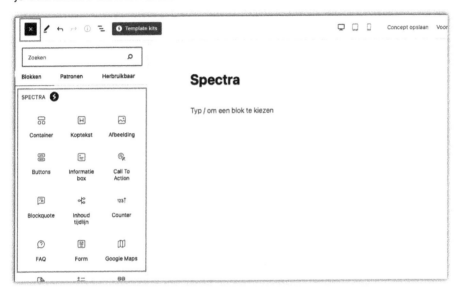

Het voordeel van deze blokken is dat je snel gebruik kunt maken van een layout die je daarna kan customizen.

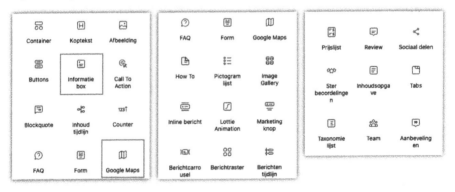

Als voorbeeld ga je het blok **Google Maps** en **Informatie box** bekijken.

Nadat het blok Google Maps is geplaatst is te lezen dat er gebruik wordt gemaakt van een UG-API. Dit betekend dat je meteen gebruik kunt maken van het veld **Address**. Inschrijven bij Google Maps is hiervoor niet nodig.

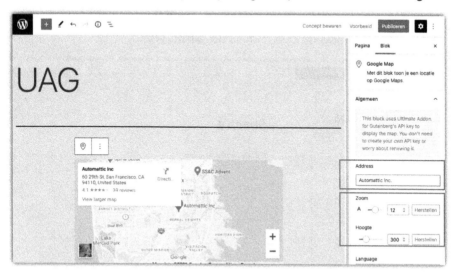

Door een naam van een bedrijf of adres in te voeren krijg je meteen het resultaat te zien. Je mag ook gebruik maken van de optie **Zoom** en **Hoogte**.

Plaats nu een **Informatie box**.

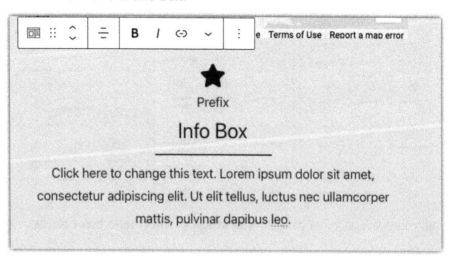

Selecteer het blok. In de rechterkolom verschijnt **Informatie blok** instellingen.

Je kunt kiezen voor een Icoon, Inhoud, Scheidingslijn, Call To Action, Tussenruimte en Geavanceerd.

Probeer de verschillende toegevoegde blokken uit. En bekijk hoe je dit kunt aanpassen.

Het voordeel van deze plugin is dat je dit soort onderdelen in één keer hebt binnenge- haald. Daarnaast kun je de verschillende blokken ook nog eens customizen.

Ben je klaar vergeet dan niet op de knop **Opslaan** te klikken.

Voor meer informatie ga naar: brainstormforce.com.

Grafieken

Heb je snel en eenvoudig een diagram nodig, dan kan dat met de plugin *Visualizer*. De stappen om een diagram te maken zijn eenvoudig. Kies voor een model: Lijn, staaf of cirkeldiagram. Pas de gegevens aan en sla de diagram op. Vervolgens voeg je deze in een Bericht of Pagina met behulp van de teksteditor.

Installeren

1. Ga naar **Dashboard > Plugins > Nieuwe plugin**.
2. Typ in het zoekveld *Visualizer*.
3. **Installeer** en **Activeer** de plugin.

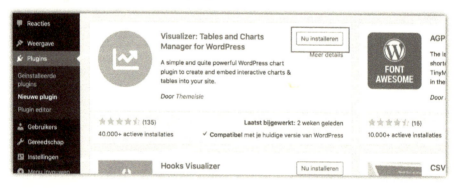

Met een Pro versie kunt je volledig gebruik maken van de plugin.
De Free-versie is gelimiteerd.

Diagram maken

Ga naar **Dashboard > Visualizer > Add New Chart**.

Selecteer een diagram b.v. **Pie/Donut** en klik op de knop **Next**.

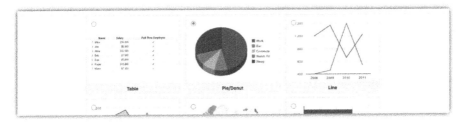

Er zijn diverse mogelijkheden om data aan te passen. Bekijk de diverse methodes. De Pro versie beschikt over **Import data from file** of **URL**.

In rechterkolom vindt je diverse opties. Klik op de knop **Edit Data** en pas de gegevens aan.

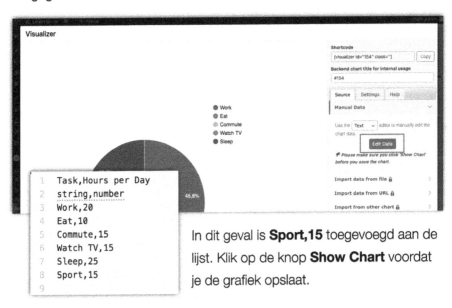

In dit geval is **Sport,15** toegevoegd aan de lijst. Klik op de knop **Show Chart** voordat je de grafiek opslaat.

Klik daarna op de knop **Create Chart** onderaan het scherm.

Een overzichtsscherm is te zien.

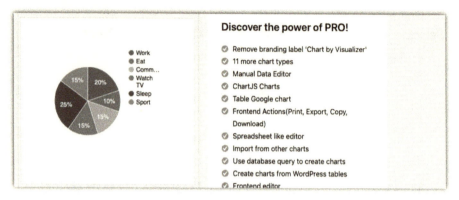

Plaatsen van een Diagram

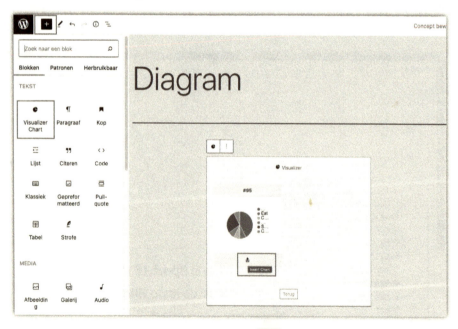

Maak een nieuwe **Pagina** aan. Klik op het **+** icoon en selecteer **Visualizer Chart**. Selecteer een diagram. Klik op **Insert chart** daarna op de knop **Publiceren**. Bekijk je Pagina.

Iconen

Iconen op een website zorgen ervoor dat gebruikers de inhoud sneller begrijpen. Bovendien trekken ze de aandacht en zorgen ze voor diversiteit en herkenbaarheid. Een afbeelding zegt meer dan woorden.

Als je iconen wilt gebruiken, dan is *The Icon Block* een perfecte plugin.

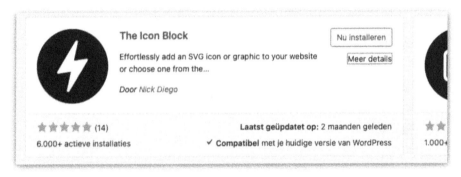

Installeren

1. Ga naar **Dashboard > Plugins > Nieuwe plugin**.
2. Typ in het zoekveld *The Icon Block*.
3. **Installeer** en **Activeer** de plugin.

Toepassen

Ga naar **Dashboard > Pagina's - Nieuwe pagina**.

Klik op het ➕ icoon en selecteer het blok **Icon**.

Daarna mag je kiezen voor **Icon Library** of **Insert custom SVG**.

Klik op de knop **Icon Library**. Een aantal iconen kun je direct gebruiken.

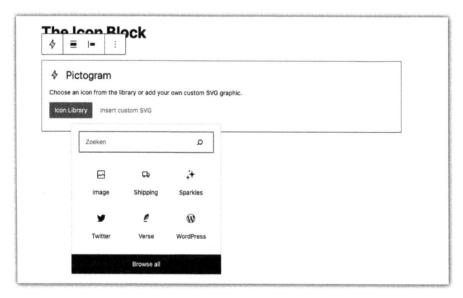

Voor meer iconen klik op **Browse all**.

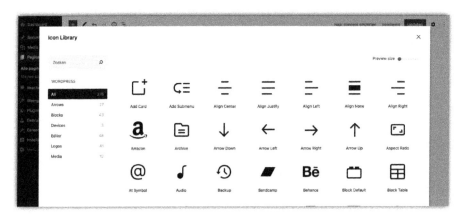

Er zijn diverse iconen beschikbaar. Deze zijn onderverdeeld in:
Arrows, Blocks, Devices, Editor, Logo en Media.

Nadat een icoon is ingevoegd, kun je dit aanpassen met behulp van de
blok-toolbar en blok-opties.

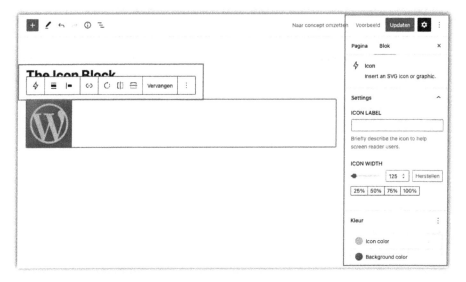

Selecteer een **icoon** en klik op het **tandwiel**-icoon om dit te bewerken.

Als je geen geschikt icoon kunt vinden, kun je gebruikmaken van de optie
Insert custom SVG.

Ga eerst naar *https://icons.getbootstrap.com*.

Selecteer een SVG icoon en **kopieer** de **HTML code**.

Ga naar je WordPress site en maak een nieuwe pagina aan. Klik op het ➕
icoon en selecteer het blok **Icon**. Kies daarna voor **Insert custom SVG**.

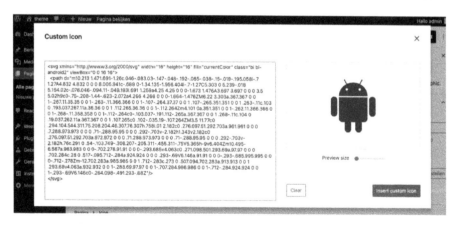

In het tekstveld mag je HTML code **plakken**.

Klik daarna op de knop **Insert custom icon**.

Voor meer informatie: *https://wordpress.org/plugins/icon-block*.

Tabellen

Vanuit de standaard tekstverwerker is er een mogelijkheid om tabellen te plaatsen. Wil je een tabel gebruiken met sorteer- en filter-functies, dan kun je gebruikmaken van deze plugin.

Met TablePress kunnen op eenvoudige wijze functionele tabellen gemaakt worden.

Installeren

1. Ga naar **Dashboard > Plugins > Nieuwe plugin**:
2. Typ in het zoekveld *TablePress*.
3. **Installeer** en **Activeer** de plugin.

Gebruik

Ga naar **Dashboard > TablePress**.

Klik op de tab **Nieuwe Toevoegen**.

Geef de tabel een **naam** en **beschrijving**.

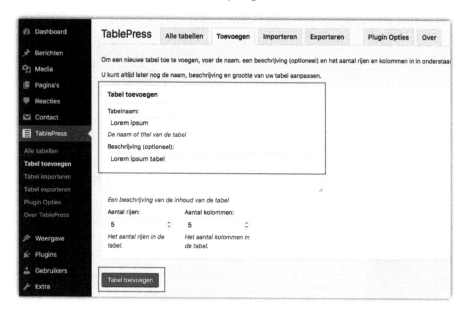

Klik op de knop **Tabel toevoegen**.

Een nieuw venster verschijnt van waaruit de tabel opgemaakt kan worden. De tabel kan data bevatten en zelfs formules. Een bezoeker kan (met behulp van JavaScript) data sorteren en zelfs filteren.

Met de tab **Plugin Opties** kan je aangepaste CSS invoeren voor een andere stijlopmaak. CSS-kennis is wel vereist.

Is er veel data verwerkt in tabellen, dan kunnen de tabellen geïmporteerd worden naar en van Excel, CSV en HTML-bestanden.

Rechtsboven in het scherm zie je de **shortcode** die je in een Pagina/Be-richt of Tekst-widget kunt gebruiken. Klik op **Tabel inhoud** om de tabel van data te voorzien.

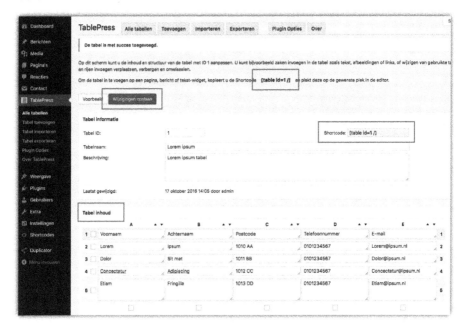

Nadat de data is ingevoerd klik je op **Wijzigingen opslaan**.

Plaats daarna de het blok **TablePress table** in een *bericht* of *pagina.*

In de rechterkolom selecteer je de TablePress-tabel die je wilt insluiten. Bekijk daarna de website.

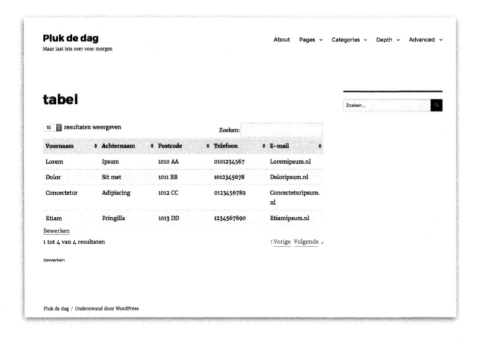

Voor meer informatie: *https://wordpress.org/plugins/tablepress*.

Lettertypes

Als je kiest voor een standaard of basis-thema, wordt meestal één letterty-pe gebruikt. Als je andere of meerdere lettertypes wilt gebruiken, kun je **Google Webfonts** gebruiken. Met deze techniek kun je gebruik maken van een groot aantal lettertypes die beschikbaar worden gesteld door Google. Het eerste wat je kunt doen is naar **fonts.google.com** gaan om één of meerdere lettertypes te kiezen.

In dit geval is gekozen voor de lettertype **Lobster**. Onthoud deze naam.

De volgende stap is om een plugin te installeren waarmee je Google Fonts kunt gebruiken. Er zijn meerdere van dit soort plugins beschikbaar. In dit geval is gekozen voor de plugin **Easy Google Fonts**.

Installeren

1. Ga naar **Dashboard > Plugins > Nieuwe Plugin**.
2. Typ in het zoekveld *Easy Google Fonts.*
3. **Installeer** en **Activeer** de plugin.

Gebruik

Ga naar **Dashboard > Weergave > Customizer**.

De Customizer is voorzien van een nieuwe optie **Typography**.

Ga naar **Typography > Default Typography**.

Als je gebruik maakt van het thema Twenty Twenty, ga dan naar **Heading 2** - tab **Styles** en kies bij **Font Family** voor een Google Font: **Lobster**.

De titel van een *Bericht* in het rechter venster past zich meteen aan.

Het is mogelijk om verschillende lettertypes op diverse elementen toe te passen. Tip: maak er geen kermis van. Zorg voor een goede leesbaarheid.

Met de tab **Appearance** is het mogelijk om een **Font Color**, **Font Size**, **Line height** en **Letter Spacing** aan te passen. In het onderstaande voorbeeld is dit toegepast bij een titel van een *Pagina* (**Heading 1**).

Klik op de knop **Publiceren** en bekijk de website.

Custom Post Types

Berichten en Pagina's zijn standaard Post Types. Met de juiste plugin is het mogelijk om een eigen "Custom" Post Type te maken. Je mag dit noemen zoals jij wilt, bijvoorbeeld *Personeel*, *Films*, *Portfolio*, enzovoort.

Deze pagina's worden in het systeem opgenomen en kunnen, net als elk ander post type, in het navigatie-menu worden opgenomen. Het voordeel van een eigen custom post type is dat het voorzien kan worden van een eigen stijl en indeling.

Een plugin die je hiervoor kunt gebruiken is **Custom Post Type UI**.

Installeren

1. Ga naar **Dashboard > Plugins > Nieuwe Plugin**.
2. Typ in het zoekveld *Custom Post Type UI*.
3. **Installeer** en **Activeer** de plugin.

In dit hoofdstuk wordt gebruik gemaakt van het thema **Twenty Sixteen**.
Is dit thema niet aanwezig, dan adviseer ik om dit eerst te installeren en te
activeren.

Toepassen

Ga naar **Dashboard > CPT UI > Toevoegen/bewerken berichttypes**
Maak een Custom Post Type aan. Noem dit **films - Films - Film**.
Klik daarna op de knop **Berichttype toevoegen**.

Films is nu te zien in het **Dashboard**.
Klik op de tab **Bewerk berichttype** en pas het volgende aan:

Bij **Instellingen**. Selecteer bij **Archief - Ja**.

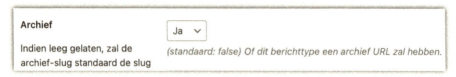

Bij **Menu-icoon** kies je voor het een dashboard icoon.

Zoals je in het dashboard ziet is dit nu **pin-icoon**.

Met de knop **Kies dashicon** kun je kiezen voor een dashboard icoon.

Met **Kies afbeeldingspictogram** heb je toegang tot je Media Library.

Je kunt hiervoor een eigen icoon gebruiken.

Klik op de knop **Kies dashicon**
en selecteer een passend icoon.
In dit geval is gekozen voor een
bioscoopticket.

Klik daarna op de knop
Berichttype opslaan.

Post Type **Films** is nu voorzien
van het juiste icoon.

Ga naar **Dashboard > Films > Nieuw bericht**. Je kunt hiermee een nieuw film-review toevoegen. Maak daarna nog een film-review aan.

Nu ga je **Alle Films** in het navigatiemenu opnemen.

Ga naar **Dashboard > Weergave > Menu's**.
Bovenaan het scherm, klik op **Scherminstellingen** en activeer **Films**.

Hiermee is een tab **Films** toegevoegd aan het rijtje van *Pagina's*, *Berichten*, *Aangepaste links* en *Categorieën*.

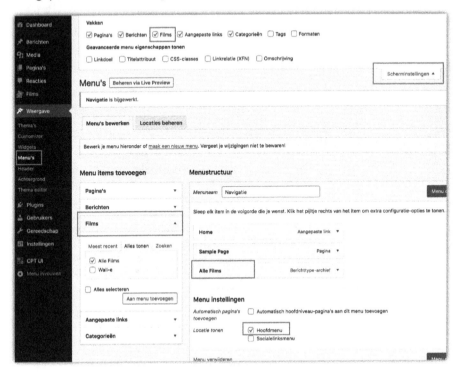

Klik op **Films** en daarna de tab **Toon alles**. Selecteer **Alle Films** en klik op de knop **Aan menu toevoegen**. Hiermee wordt het menu-item opgenomen in je navigatiemenu.

Bekijk de website.

mijn eerste wp site
En nog een WordPress site

Home   Pagina   UAC   Voorbeeld pagina   **Alle Films**

Archieven: Films

Zoeken ... 🔍

Cars

Bewerk

Lorem ipsum dolor sit amet, consectetur adipiscing elit. Nullam lacus ante, luctus nec consequat vel, convallis ut turpis. Mauris cursus feugiat semper. Phasellus scelerisque sapien arcu, id fermentum dolor iaculis vel. Curabitur dapibus sem elit, a tempor risus posuere in. Sed faucibus nisi ac nunc pretium, a elementum ante fermentum. Maecenas tellus orci, aliquet nec nunc vitae, eleifend elementum nibh. Aenean et vestibulum orci. Aenean consectetur libero et nibh fermentum, nec hendrerit justo cursus. Maecenas eget dui quis ante pharetra rhoncus at ut mauris. Aliquam quis pulvinar dolor. Quisque tempor eu diam eget ullamcorper. Pellentesque habitant morbi tristique senectus et netus et malesuada fames ac turpis egestas. In eu nulla turpis.

MEEST RECENTE BERICHTEN

- Hallo wereld!

RECENTE REACTIES

- Een WordPress commentator op Hallo wereld!

ARCHIEF

- januari 2021

Wall-e

Bewerk

Lorem ipsum dolor sit amet, consectetur adipiscing elit. Nullam lacus ante, luctus nec consequat vel, convallis ut turpis. Mauris cursus feugiat semper. Phasellus scelerisque sapien arcu, id fermentum dolor iaculis vel. Curabitur dapibus sem elit, a tempor risus posuere in. Sed faucibus nisi ac nunc pretium, a elementum ante fermentum. Maecenas tellus orci, aliquet nec nunc vitae, eleifend elementum nibh. Aenean et vestibulum orci. Aenean consectetur libero et nibh fermentum, nec hendrerit justo cursus. Maecenas eget dui quis ante pharetra rhoncus at ut mauris.

CATEGORIEËN

- Geen categorie

META

- Sitebeheerder

Door op menu-item **Alle Films** te klikken, krijg je alle film-reviews op één pagina te zien. Klik je op de titel van een film-review, dan krijg je het volledig bericht te zien.

In het volgende hoofdstuk worden extra velden toegevoegd aan de Post Type **Films** in het theme **Twenty Sixteen**.

Advanced Custom Fields

Met de plugin **Secure Custom Fields** is het mogelijk om extra velden toe te voegen aan een Pagina, Bericht of Custom Post Type. Op deze manier kunnen gebruikers extra informatie toevoegen, zoals bijvoorbeeld een film-rating en release-datum voor het post-type Films.

De plugin is gemaakt door WordPress, gebaseerd op de originele **Advanced Custom Fields** plugin.

Installeren

1. Ga naar **Plugins > Nieuwe plugin**.
2. Typ in het zoekveld *Secure Custom Fields.*
3. **Installeer** en **activeer** de **plugin**.

www.wp-books.com/advanced
Bestand: **scf**   ⬇

Een groep aanmaken

De plugin maakt gebruik van **groepen** om extra velden toe te voegen aan een posttype. Elke groep bevat verschillende invoertypes, zoals tekst, tekstveld, WYSIWYG, afbeelding, bestand, paginalink, keuzelijst en meer...

Ga naar **Dashboard > SCF > Veldgroepen > Nieuwe toevoegen**.

Maak een groep aan met de naam **Film informatie**.

Veldtype = **Datumkiezer**. Bij *Veld label* en *Veld naam* - **date**.

Bij **Instellingen - Locatieregels**: **Berichttype** gelijk is aan **films**.

Ben je klaar met het maken van het eerste veld klik dan op **Publiceren**.

Daarna een nieuw **+ Veld** toevoegen.

Veldtype = **Selecteer**.

Bij *Veld label* en *Veld naam* - **rating**.

Bij *Keuzes* - **Slecht, Goed, Fantastisch**.

Retour format - **Waarde**.

Klik daarna op de knop **Wijzigingen opslaan**.

Ga naar **Dashboard > Films - Bericht**.

Er zijn 2 extra velden bijgekomen. Voeg een **date** en **rating** toe voor alle filmberichten.

Een veld weergeven

De toegevoegde velden zijn nog niet te zien in de website. Met behulp van een stukje code kun je de extra velden in een thema weergeven.

Voorbeeld code:

```php
<?php the_field('field_name'); ?>
```

Het onderdeel `'field_name'` wordt vervangen door de `'naam'` van het extra veld, in dit geval `'rating'` of `'date'`.

Er zijn veel codes beschikbaar. Deze zijn te vinden op de website van: **www.advancedcustomfields.com/resources**.

In dit hoofdstuk wordt gebruik gemaakt van het thema **Twenty Sixteen**. Is dit thema niet aanwezig dan adviseer ik om dit eerst te installeren en te activeren.

Tip: Gebruik altijd een **ChildTheme** wanneer een thema wordt aangepast (of verwerk de code in een zelfgemaakt theme).

Wil je extra velden toevoegen aan een standaard Bericht dan kun je dezelfde procedure volgen maar dan zonder het hernoemen van de beschreven bestanden:

1. Maak een Child theme van het (actieve) theme **Twenty Sixteen**.

2. Vanuit het parent-theme dupliceer de bestanden **archive.php** en **single.php** en plaats dit in het **child theme**.

3. Vanuit het child theme hernoem je de gedupliceerde bestanden: **archive-films.php** en **single-films.php**.

4. Open **archive-films.php**, pas regel 43 aan: *"content"* wordt *films*:
```
get_template_part( 'template-parts/films',
get_post_format() );
```

5. Open **single-films.php**, pas regel 20 aan: *"content"* wordt *films*:
```
get_template_part( 'template-parts/films', 'single' );
```

Vanuit het parent-theme **dupliceer** de folder **template-parts** en plaats dit in je child theme.

1. Ga naar de child theme folder **template-parts** en verwijder alle bestanden behalve **content.php** en **content-single.php**.

2. Hernoem de bestanden:
   content.php wordt **films.php**.
   content-single.php wordt **films-single.php**.

3. Open **films.php** en plak de onderstaande code na regel 17:

```
Rating: <?php the_field('rating'); ?> <br>
Release Date: <?php the_field('date'); ?>
```

4. Open **films-single.php** en plak de onderstaande code na regel 13:

```
Rating: <?php the_field('rating'); ?> <br>
Release Date: <?php the_field('date'); ?>
```

Save alle bestanden. En bekijk de site.

Tip: Als je een sterrenbeoordeling wilt gebruiken, plaats dan een ★ ster **emoji** in het **Keuzes**-tekstveld van het extra veld **rating**.

Onder **Retour format** selecteer de optie **Label** in plaats van Waarde.

Klik daarna op de knop **Wijzigingen opslaan**.

Ga naar **Dashboard > Films - Berichten** om alle filmberichten te voorzien van een sterren rating en bekijk de site.

Theme
My WordPress Blog

Cars

Rating: ★★
Release Date: 20/01/2020
Bewerk

Cars is een Amerikaanse computeranimatiefilm uit 2006, onder regie van John Lasseter en Joe Ranft. **Het is de zevende van de** Pixar/Disney-films, en de laatste film van Pixar voordat deze door Disney gekocht werd.

Stemmen in de film worden onder andere gedaan door Owen Wilson, Paul Newman (zijn laatste niet-documentaire rol), Bonnie Hunt, Cheech Marin, Jenifer Lewis, Tony Shalhoub, John Ratzenberger, George Carlin, Larry the Cable Guy en Michael Keaton.

Meer info: *www.awesomeacf.com.*

THEMA MET PLUGINS

Als je een thema wilt maken met verplichte en/of aanbevolen plugins, is het handig om een PHP-script te gebruiken in je thema.

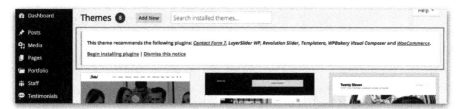

Hiermee kan een gebruiker na het activeren van het thema snel en eenvoudig de benodigde plugins installeren.

wp-books.com/theme
Theme: **pdd_plugins**

Een handige methode die hierbij kan helpen, is **TGM Plugin Activation**.

Ga naar: *http://tgmpluginactivation.com*. Op de volgende pagina staan de instructies om het thema te voorzien van TGM Plugin Activation.

Deze PHP-library zorgt voor de installatie, updates en activatie van één of meer verplichte of aanbevolen plugins. Embedded plugins en plugins van *WordPress.org* en andere aanbieders kunnen worden gebruikt.

1. Klik op menu-item **Download**.
2. Vul de thema gegevens in. Geef aan waar je deze code wil toepassen: **Theme** en hoe je dit wil verspreiden: ***WordPress.org***.

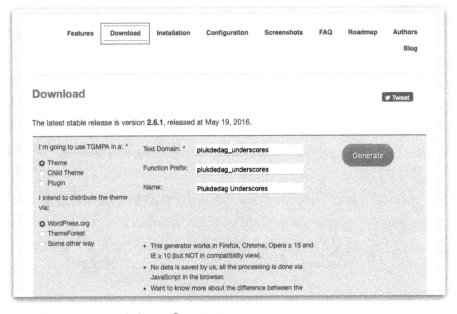

3. Klik daarna op de knop **Generate**.

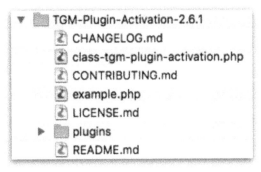

Een zip bestand **tgm-plugin-activation.zip** is te vinden in de folder **Downloads**.

4.Pak het zip bestand uit.

Daarna doe je het volgende:

1. Plaats **class-tgm-plugin-activation.php** in de root van de thema.

2. Plaats de folder **plugins** in de root van de thema. Dit bevat één voor-beeld plugin. Wil je meer embedded plugins gebruiken plaats dan de benodigde plugins in dit mapje (is overigens niet verplicht).

3. Geef **example.php** een nieuwe naam, **plukdedag_plugins.php**. Open het bestand en pas het pad aan, regel 34 :

```
* Plugin:
* require_once dirname( __FILE__ ) . '/path/to/class-tgm-plugin-activation.php';
*/
require_once get_template_directory() . '/class-tgm-plugin-activation.php';
```

4. Open **functions.php**. Plaats onderaan deze code:

```
/**
 * tgm-plugin-activation
 */
require get_template_directory() . '/plukdedag_plugins.php';
```

Een koppeling is gemaakt met dit bestand met daarin een uitvoerende code. Om te zien wat er gebeurt ga je eerst het **thema installeren**.

Bekijk de site. Dit thema heeft twee verplichte en drie aanbevolen plugins.

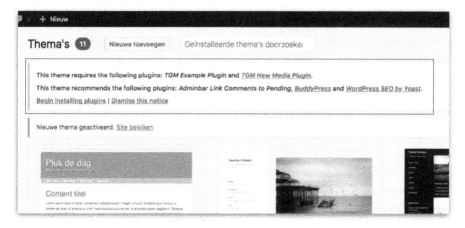

Klik op **Begin installing plugins**.

Je krijgt een standaard installatie pagina te zien. *Toepassen* is niet nodig.

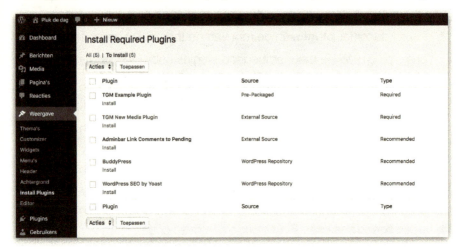

Dit thema met **TGM Plugin Activation** gebruikt voorbeeld-plugins.

Wil je andere plugins gebruiken pas dan eerst het bestand

plukdedag_plugins.php aan voordat je het thema gaat vrijgeven.

Open **plukdedag_plugins.php**. In dit bestand vind je veel uitleg.

Kijk naar het onderdeel //... `bundled with a theme.`

```
// This is an example of how to include a plugin bundled with a theme.
array(
    'name'             => 'TGM Example Plugin', // The plugin name.
    'slug'             => 'tgm-example-plugin', // The plugin slug (typically the folder name).
    'source'           => get_template_directory() . '/plugins/tgm-example-plugin.zip', // The
    'required'         => true, // If false, the plugin is only 'recommended' instead of requir
    'version'          => '', // E.g. 1.0.0. If set, the active plugin must be this version or
        plugin version is higher than the plugin version installed, the user will be notified to up
    'force_activation' => false, // If true, plugin is activated upon theme activation and cann
        until theme switch.
```

Hierin staat beschreven wat de **naam**, **slug** en **bron** is van de plugin.

Ook wordt aangegeven of de plugin **verplicht** is. De '**source**' geeft aan of

het een gebundelde plugin is of anders een verwijzing is naar de bron van

de plugin.

Verwijder code, pas code aan of voeg extra code toe daar waar nodig is.

Kijk naar het onderdeel `// This is an …` in your theme.

In het onderstaande voorbeeld zie je een verwijzing naar een plugin, deze is required=verplicht.

```
// This is an example of how to include a plugin from an arbitrary external source in your theme
array(
    'name'         => 'TGM New Media Plugin', // The plugin name.
    'slug'         => 'tgm-new-media-plugin', // The plugin slug (typically the folder name).
    'source'       => 'https://s3.amazonaws.com/tgm/tgm-new-media-plugin.zip', // The plugin sou
    'required'     => true, // If false, the plugin is only 'recommended' instead of required.
    'external_url' => 'https://github.com/thomasgriffin/New-Media-Image-Uploader', // If set, ov
        API URL and points to an external URL.
```

Wil je gebruik maken van *WordPress.org* plugins kijk dan naar het onderdeel `//… WordPress Plugin Repository.`

```
// This is an example of how to include a plugin from the WordPress Plugin Repository.
array(
    'name'     => 'BuddyPress',
    'slug'     => 'buddypress',
    'required' => false,
),
// 2e plugin from the WordPress Plugin Repository.
array(
    'name'     => 'Contact Form 7',
    'slug'     => 'contact-form-7',
    'required' => false,
),
```

Wil je een extra plugin opnemen doe dan het volgende: **kopieer** de gehele array-code. **Plak** dit onder de 1e array-code. Pas daarna de gegevens aan.

De **naam** van de plugin is in *wordpress.org* te vinden.

De **slug** is te zien in het adresbalk van de browser.

THEMA IN WORDPRESS.ORG

Als je uiteindelijk je eigen thema hebt gemaakt, is het leuk om het te delen met de WordPress community.

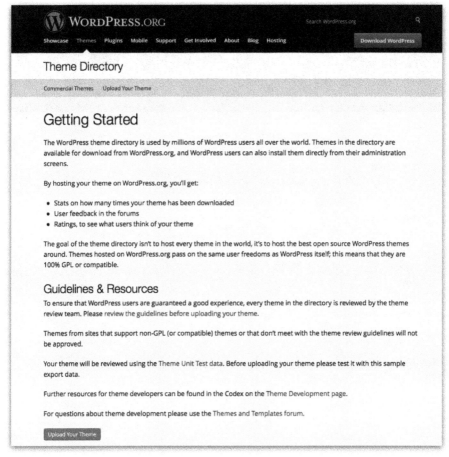

Als je een thema wilt uploaden, is het raadzaam om eerst de richtlijnen en bronnen te raadplegen. Zie: *https://wordpress.org/themes/getting-started*. Om een thema aan te melden en te uploaden heb je een account nodig op *WordPress.org*. Zie: *https://login.wordpress.org/register*.

Thema Eisen

Een thema moet voldoen aan de eisen die WordPress stelt om in de thema-directory te worden opgenomen. Een thema met vijf of meer problemen wordt uitgesloten van de beoordelingsprocedure. De maker mag het thema opnieuw uploaden nadat alle problemen zijn opgelost

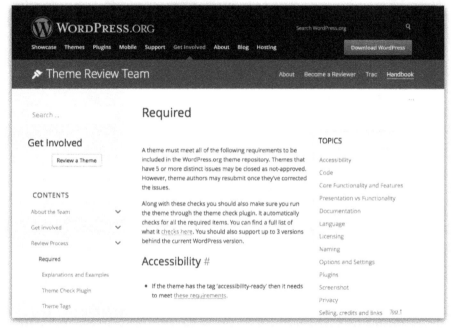

Zie: *https://make.wordpress.org/themes/handbook/review/required*.

Thema Review Procedure

1. Meld je aan en upload je thema.
2. Het thema wordt in de wachtrij geplaatst.
3. Een beoordelaar krijgt het thema toegewezen.
4. De beoordelaar voert een standaardcontrole uit en doet een aanbeveling.
5. De beoordeling wordt toegevoegd aan een ticket.
6. Als het thema niet aan de vereisten voldoet, wordt het niet goedgekeurd. De beoordelingsstatus blijft open voor thema-updates.
7. Als een ticket geen updates of reactie van de maker ontvangt, wordt het na 7 dagen gesloten.
8. Als de maker binnen 24 uur geen reactie van de beoordelaar ontvangt, krijgt hij/zij een nieuwe toegewezen.
9. Als het thema aan de eisen voldoet, zet de beoordelaar het thema op goedgekeurd.
10. Na goedkeuring wordt het ticket in een nieuwe wachtrij geplaatst. Een belangrijke beoordelaar zal de laatste test uitvoeren.
11. Als er nog problemen worden gevonden, kan dit nog worden aangepast.
12. Als er geen problemen worden gevonden, wordt het ticket live gezet. Jouw thema is dan te vinden in de repository van *WordPress.org*. Updates van dit thema vinden plaats via de update-wachtrij.

Bij een thema hoort ook een stuk verantwoordelijkheid. Het is handig om te beschikken over een eigen website waarop gebruikers belangrijke informatie over het thema kunnen vinden. Daarnaast is het verstandig om het thema te voorzien van een duidelijke handleiding.

GNU General Public License

WordPress is vrijgegeven onder de GNU General Public License (GPL).
GPL is een open source licentie waarmee een gebruiker de broncode kan
wijzigen en "alles wat erbij hoort" mag herdistribueren. De software is gratis
voor al haar gebruikers.

De term "alles wat erbij hoort" omvat thema's. Dit betekent dat elk thema
dat wordt verspreid (al dan niet gratis of premium) ook de GPL-licentie
moet bevatten. Onder GPL mag elke gebruiker die een thema downloadt of
koopt, een thema wijzigen en verspreiden. Volledige naleving van de GPL is
vereist voor alle gratis of commerciële thema's in de repository van *Word-
Press.org*.

Bevat jouw thema lettertypen, afbeeldingen (stockfoto's) en scripts, dan
moet je controleren of deze onderdelen gebruikmaken van een licentie die
compatibel is met GPL. Is dit niet het geval, dan moet je deze onderdelen
vervangen. De Theme Review Guidelines hebben een handige lijst met
GPL-compatibele licenties.

Voor meer informatie: *https://wordpress.org/about/gpl*.

Thema Check

Een handige plugin die kan helpen voordat je jouw thema gaat uploaden, is de plugin Theme Check. Zoals op de site staat vermeld, is dit een simpele en eenvoudige methode om te testen of je thema overeenkomt met de laatste WordPress-standaarden. Een geweldige tool om thema's te ontwikkelen!

Installeren

1. Ga naar **Dashboard > Plugins > Nieuwe Plugin**.
2. Typ in het zoekveld *Theme Check*.
3. **Installeer** en **Activeer** de plugin.

Toepassen

Ga naar **Dashboard > Weergave > Theme Check**.
Selecteer je **Theme** en klik op de knop **Check it!**

Je krijgt daarna het resultaat te zien. Als er één of meerdere fouten worden gevonden, wordt dit weergegeven als **One or more errors were found ...**

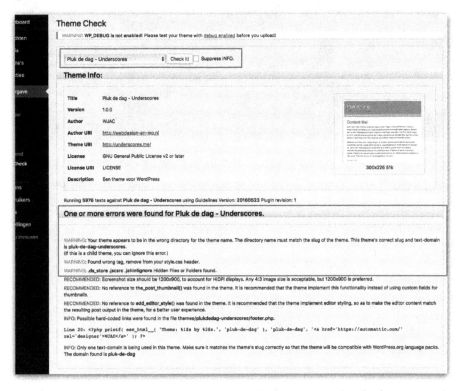

Het kan voorkomen dat er nog een aantal fouten aanwezig zijn. In dat geval krijg je **WARNING** te zien. Deze waarschuwing geeft aan wat het probleem is en in sommige gevallen ook een oplossing.

Met behulp van de documentatie, zie: *https://make.wordpress.org/themes/handbook/review* kun je achterhalen hoe je deze fouten kan oplossen.
Als het verslag niet duidelijk is, kun je een zoekmachine gebruiken. Selecteer de hele waarschuwingsregel en plak dit in het zoekveld. In de meeste gevallen vind je dan een omschrijving en oplossing.

Heb je de fouten aangepast dan kan de test herhaald worden.

Zijn alle fouten opgelost, dan krijg je het volgende te zien:
Pluk de dag - Underscores passed the test.

Je mag je thema uploaden naar *WordPress.org*. Na een review-procedure is het thema te vinden in de thema-directory van WordPress.

TOT SLOT

Na het lezen van dit boek heb je voldoende kennis opgedaan om zelfstandig een WordPress-thema te maken. Voordat je begint, weet je nu onder andere dat een thema responsive moet zijn voor diverse afmetingen, dat het thema sjablonen, patronen, custom functies en plugins bevat.

Een technisch HTML-ontwerp kan gebruikt worden om een WordPress-thema te maken. Als het ontwerp niet bedoeld is voor distributie, mag je zelf bepalen uit hoeveel themabestanden het mag bestaan.

Wil je een thema beschikbaar stellen voor een groot publiek, gebruik dan een Starter theme. Omdat je een ontwerp hebt gemaakt met standaard classes, kun je dit direct toepassen. Vervolgens kun je het thema uitbreiden met sjablonen, patronen, functies en plugins. Zodra het thema Gutenberg-ready is en een thema-check succesvol heeft doorlopen, meld dan het thema aan bij *WordPress.org*.

Zoals ik in het begin van dit boek heb vermeld, is dit boek praktisch en direct toepasbaar. Ik hoop dat ik je een solide basis heb gegeven.

Ik wens je veel plezier met het maken van WordPress thema's!

WordPress Theme Informatie:
codex.wordpress.org
https://developer.wordpress.org/themes
https://codex.wordpress.org/Theme_Development

OVER DE SCHRIJVER

Roy Sahupala, multimedia-specialist

" *Multimedia-specialist is maar een titel.* Naast het maken van multimedia-producten geef ik al meer dan 26 jaar webdesign training en blijf ik het leuk vinden als mensen enthousiast worden doordat ze in een korte tijd veel meer kunnen dan ze vooraf voor mogelijk hielden."

Na zijn opleiding aan de AIVE, Academie Industriële Vormgeving Eindhoven nu bekend onder de naam Design Academy, is Roy Sahupala opgeleid als multimedia-specialist. Daarna is hij werkzaam geweest bij verschillende bureaus. Sinds 2000 is hij gestart met zijn bedrijf WJAC, With Jazz and Conversations. WJAC levert multimedia-producten voor zeer uiteenlopende bedrijven en reclamebureaus.

Vanaf 2001 is Roy naast zijn werkzaamheden voor WJAC ook actief als docent en heeft hij in samenwerking met verschillende Internet Opleidingen diverse webdesign trainingen opgezet.

WordPress boeken geschreven door Roy Sahupala:

boekenbestellen.nl/auteurs/roy-sahupala.

www.ingramcontent.com/pod-product-compliance
Lightning Source LLC
LaVergne TN
LVHW041211050326
832903LV00021B/573